FABRIQUE SPÉCIALE

DE

FAUTEUILS, VOITURES, LITS, TABLES MÉCANIQUES

POUR REPOS ET MALADES

CATALOGUE ILLUSTRÉ

BRULAND

FABRICANT BREVETÉ S. G. D. G.

FOURNISSEUR DES HOPITAUX

14, RUE MONSIEUR-LE-PRINCE, 14

En face de l'École de Médecine pratique

PARIS

1895

CONDITIONS DE VENTE

Les marchandises portées sur le présent catalogue sont livrées :

A PARIS, au comptant sans escompte ;

EN PROVINCE, l'envoi se fait contre remboursement ;

A l'ÉTRANGER et pour les COLONIES, les commandes doivent être accompagnées d'un chèque à vue sur Paris.

Pour les objets fabriqués sur commande spéciale, les clients sont priés de bien vouloir m'adresser la moitié de la valeur de l'objet à titre d'arrhes.

En faisant la commande, on voudra bien m'indiquer si l'objet est destiné à une personne de forte ou de moyenne corpulence.

Les emballages et le port sont à la charge des acquéreurs.

Les marchandises voyagent à leurs risques et périls.

Je décline toute responsabilité pour accidents de route ou retards, me mettant néanmoins à la disposition de mes clients pour appuyer et faire valoir leurs réclamations.

Les prix des emballages en caisses à claire-voie sont indiqués en regard des objets.

Une notice explicative pour le maniement de l'objet est jointe à chaque envoi.

Les marchandises vendues ne se reprennent jamais, ma fabrication s'adressant à une clientèle spéciale ; c'est une garantie pour mes clients que ce qu'ils achètent n'a pas déjà servi à d'autres malades.

CATALOGUE ILLUSTRÉ BRULAND, 14, RUE MONSIEUR-LE-PRINCE, PARIS

VOITURES DE MALADES

Caisse vannerie ou caisse unie, à panneaux carrosserie, montée sur ressorts, à pousser ou à tirer avec guidon. Les roues de devant sont montées avec chape désexcentrées ce qui permet de supprimer le guidon lorsque l'on n'en fait point usage, on le remplace à ce moment par un contre-écrou.

Toutes les voitures de ma fabrication sont montées sur cinq ressorts comme les voitures de carrosserie, par conséquent très bien suspendues ; les moyeux sont garnis de frettes en métal nickelé fermant entièrement la boîte, afin d'éviter aux personnes qui s'en approchent de se tacher ; la garniture est en crin de 1re qualité, les coussins sont à élastiques ; elles sont ordinairement recouvertes en molesquine.

Dans chaque voiture, sous le coussin, se trouve un caisson contenant les clefs qui servent au graissage des roues.

Pour le graissage, employer de préférence du saindoux ou de l'huile à machine.

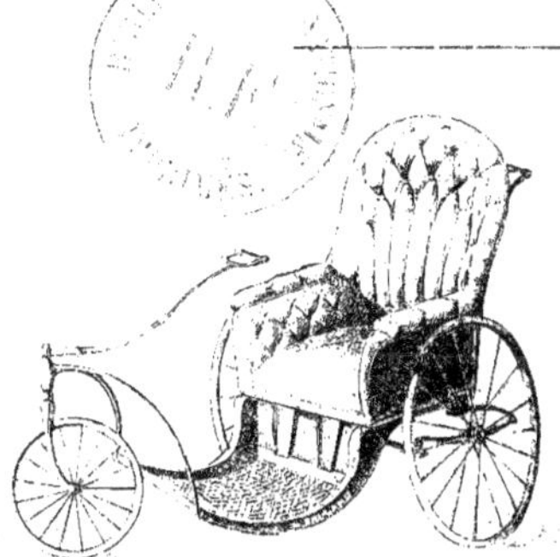

Fig. 1. — Voiture roues cerclées fer, recouverte en molesquine. Prix...................... **300 fr.**

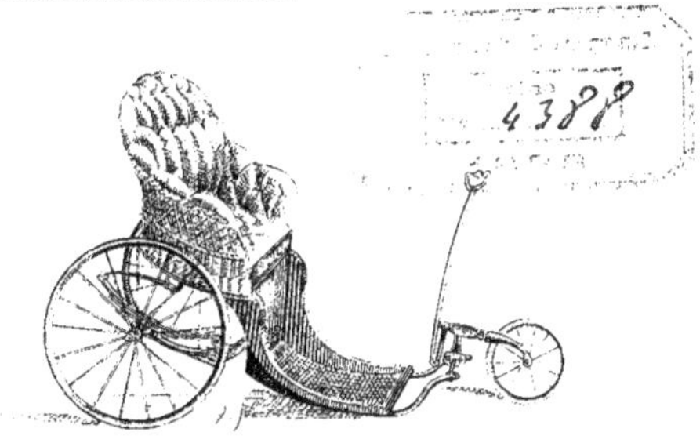

Fig. 2. — Voiture roues cerclées fer, recouverte en molesquine. Prix base figure 1.......... **300 fr.**
En plus pour l'articulation de la coquille permettant de l'abaisser jusqu'au sol afin d'éviter à la personne qui en fait usage de lever les jambes pour s'y asseoir .... **30 fr.**
Total..... **330 fr.**

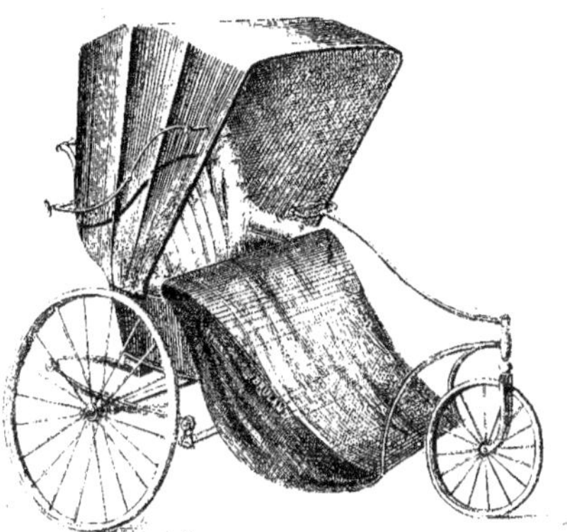

Fig. 3. — Voiture roues cerclées fer, recouverte en molesquine. Prix base figure 1.......... **300 fr.**
En plus pour la capote..................... **70 fr.**
— pour le tablier..................... **20 fr.**
Total..... **390 fr.**

Fig. 4. — Voiture avec limonière pour atteler un âne ou un poney, recouverte en molesquine.
Prix base figure 1....................... **300 fr.**
En plus pour la limonière................ **70 fr.**
Pour le garde-crotte et porte-guides nickelé. **25 fr.**
Total..... **395 fr.**

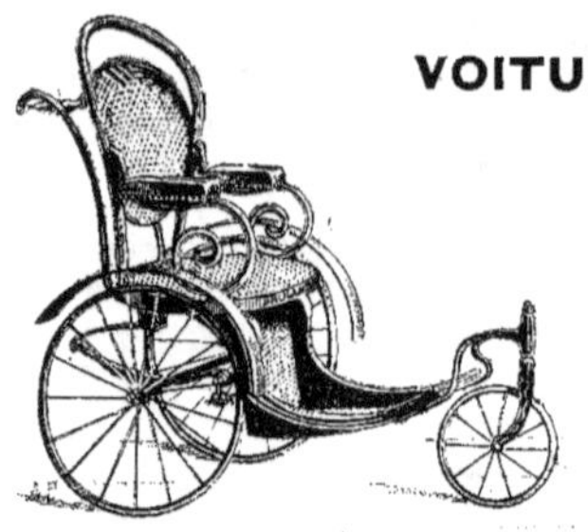

VOITURES DE MALADES

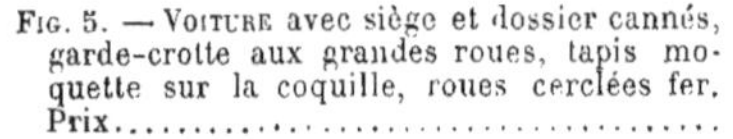

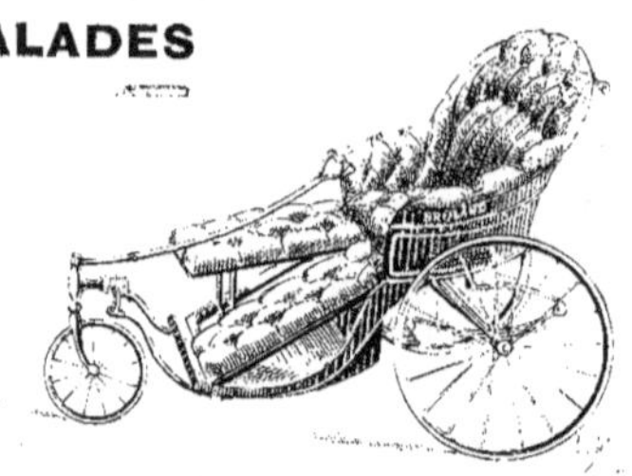

Fig. 5. — Voiture avec siège et dossier cannés, garde-crotte aux grandes roues, tapis moquette sur la coquille, roues cerclées fer.
Prix.. **270** fr.
Avec roues caoutchoutées, moyeux bronze.. **340** fr.

Fig. 6. — Voiture roues cerclées fer avec porte-jambes à élévation graduelle, recouverte en molesquine.
Prix base voiture figure 1................. **300** fr.
En plus pour un seul porte-jambe.......... **40** fr.
Pour les 2 jambes.......................... **70** fr.

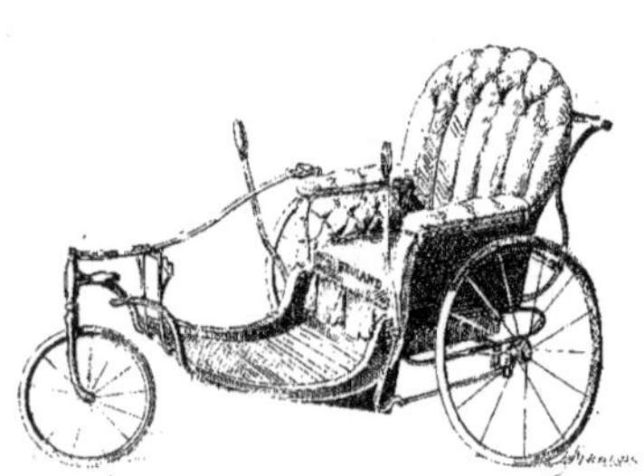

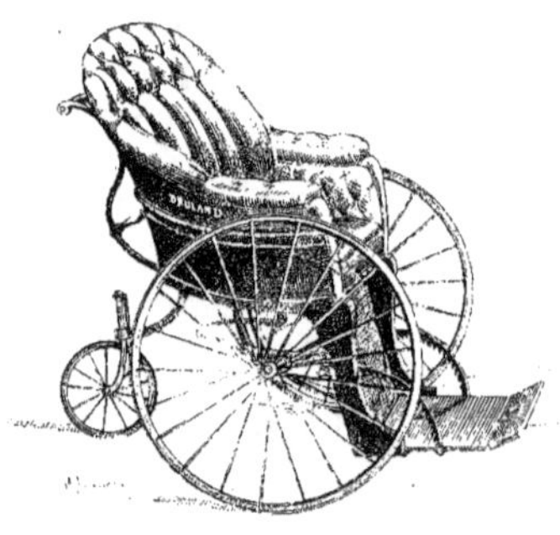

Fig. 7. — Voiture à 2 leviers, roues cerclées fer, recouverte en molesquine. Prix........ **350** fr.
Les leviers de cette voiture peuvent s'enlever lorsque la personne ne veut plus en faire usage.

Fig. 8. — Fauteuil-Voiture avec porte-pieds, roues cerclées fer, recouvert en molesquine, monté sur ressorts.
Prix... **290** fr.

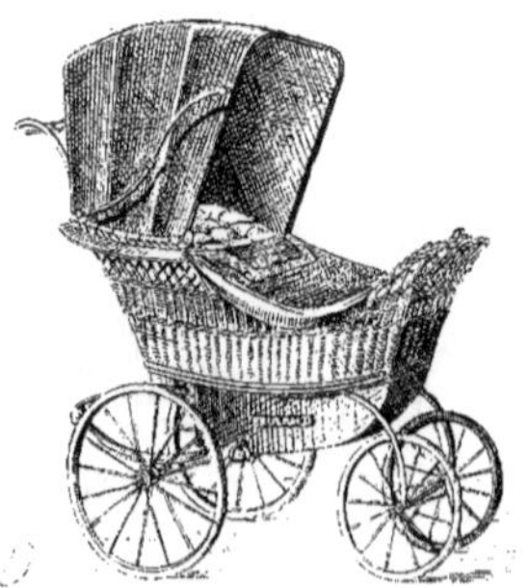

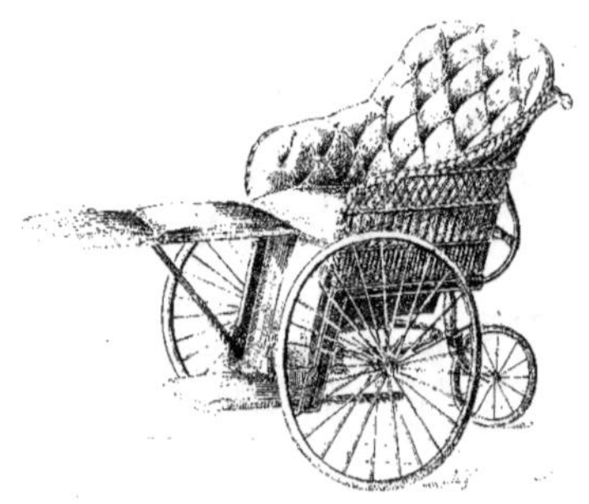

Fig. 9. — Voiture pour enfant malade de 4 à 8 ans, avec tablier et capote, roues caoutchoutées.
Prix...................................... **160** fr.

Fig. 10. — Fauteuil-Voiture avec porte-jambes s'élevant de la verticale à l'horizontale et pouvant se placer en porte-pieds comme l'indique le côté abaissé, roues cerclées fer, recouvert en molesquine, monté sur ressorts.
Prix .... **325** fr.

CATALOGUE ILLUSTRÉ BRULAND, 14, RUE MONSIEUR-LE-PRINCE, PARIS

VOITURE DITE COXALGIES

PARASOL

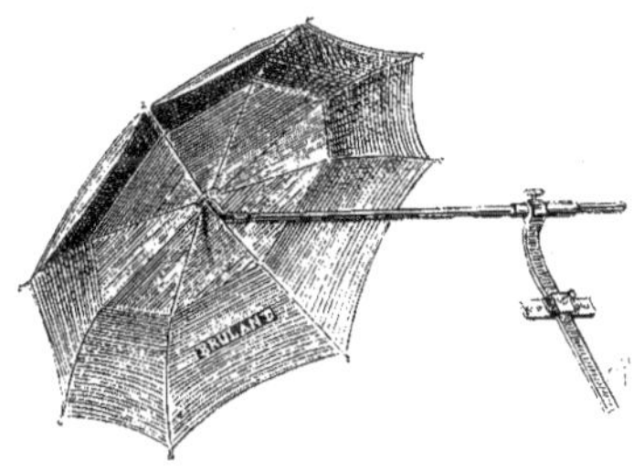

Fig. 11. — Voiture longue avec tablier et capote, coussin, dossier avec garniture à bourrelets garni en crin végétal, recouverte en molesquine, roues cerclées fer.

Prix jusqu'à 1 m. d'intérieur............... **160** fr.
de 1 m. à 1 m. 20................. **180** fr.
de 1 m. 20 à 1 m. 40............. **200** fr.
de 1 m. 40 à 1 m. 60............. **220** fr.
de 1 m. 60 à 1 m. 80............. **250** fr.
au-dessus de 1 m. 80, l'augmentation est de **20** fr. par 10 centimètres.
Pour 4 roues métal caoutchoutées moyeux bronze, en plus, **50** fr.

Fig. 12. — Parasol s'articulant en tous sens avec ses ferrures nickelées s'adaptant aux fauteuils et aux voitures
Prix..................................... **70 fr.**

L'expédition des voitures se fait ordinairement par grande vitesse. L'emballage sous gros papier goudron suffit dans ce cas, cet emballage est gratuit ; lorsqu'elles sont expédiées par petite vitesse, il est nécessaire de les emballer en caisse à claire-voie, le prix est de **15** fr.

PRIX DES ACCESSOIRES POUVANT S'AJOUTER AUX VOITURES

Ailettes garde-crotte pour les grandes roues, en tôle peinte. . . . . **35** fr.
Ailettes garde-crotte pour les grandes roues, en cuir verni. . . . . **60** fr.
Articulation de la roue de devant permettant d'abaisser la coquille. . . . . **35** fr.
Montage d'une voiture avec 3 roues à billes. . . . . **100** fr.
Capote mobile en molesquine, intérieur en lainage, compas nickelés. . . . . **70** fr.
Garde-crotte, porte-guide nickelé pour la roue de devant. . . . . **25** fr.
Limonière pour atteler un âne ou un poney. . . . . **70** fr.
Porte-jambes pour les 2 jambes à élévation graduelle. . . . . **70** fr.
Porte-jambe pour une seule jambe à élévation graduelle. . . . . **40** fr.
Parasol s'articulant avec ferrures nickelées. . . . . **70** fr.
Trois roues métal caoutchoutées, moyeux bronze. . . . . **70** fr.
Quatre roues métal caoutchoutées, moyeux bronze pour les voitures coxalgies. . . . . **50** fr.
Tablier molesquine. . . . . **20** fr.

EN PLUS POUR LA COUVERTURE DES VOITURES

En reps. . . . . **20** fr.
En drap ou velours. . . . . **40** fr.
En maroquin. . . . . **80** fr.

CATALOGUE ILLUSTRÉ BRULAND, 14, RUE MONSIEUR-LE-PRINCE, PARIS

FAUTEUILS D'APPARTEMENT

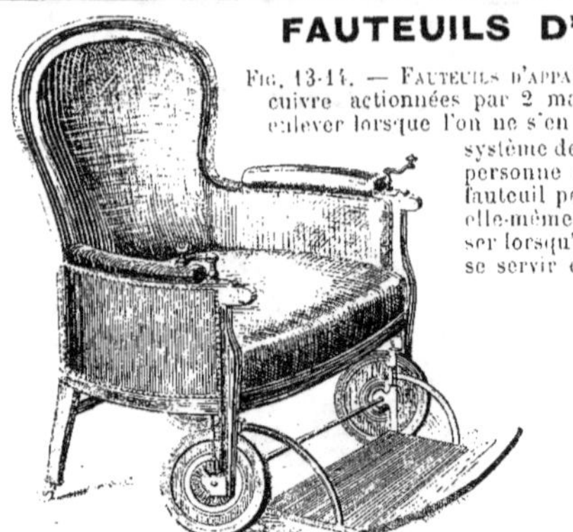

FIG. 13-14. — FAUTEUILS D'APPARTEMENT montés sur 3 roues cerclées cuivre actionnées par 2 manivelles mobiles permettant de les enlever lorsque l'on ne s'en sert pas, avec porte-pieds. Avec ce système de manivelles la personne assise dans le fauteuil peut se déplacer elle-même et se faire pousser lorsqu'elle ne veut pas se servir des manivelles.

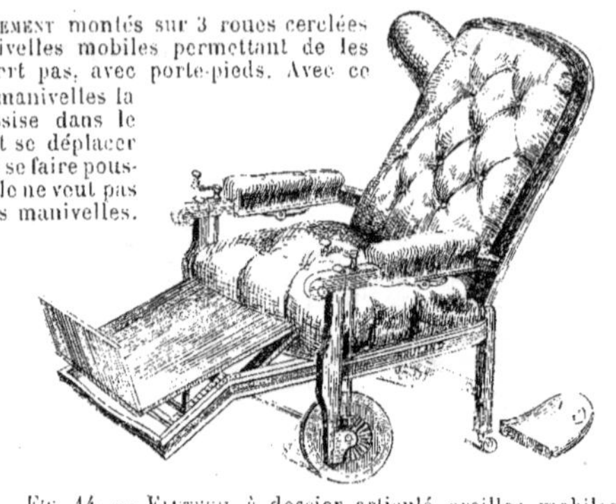

FIG. 13. — FAUTEUIL à dossier fixe avec porte-pieds.

Prix en canne.	**240** fr.
En molesquine.	**265** fr.
En reps........	**285** fr.
En velours.....	**340** fr.
En maroquin...	**380** fr.

FIG. 14. — FAUTEUIL à dossier articulé, oreilles mobiles avec porte-jambes coulissant sous le siège.

En molesquine.	**360** fr.
En reps........	**380** fr.
En velours.....	**440** fr.
En maroquin...	**485** fr.

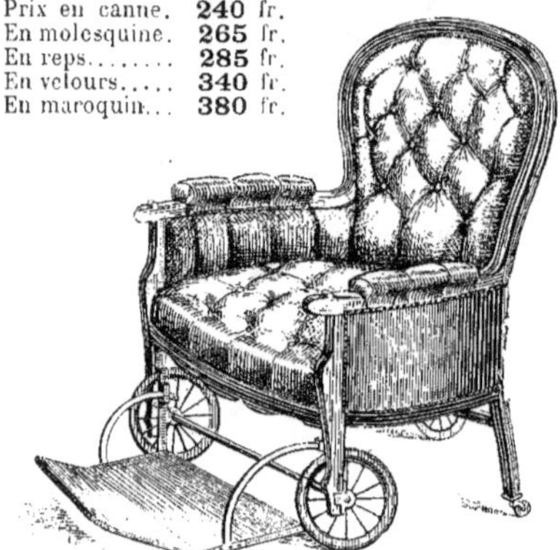

FIG. 15. — FAUTEUIL à dossier fixe avec porte-pieds.
En molesquine. **215** fr. — En reps..... **235** fr.
En velours..... **290** fr. — En maroquin . **330** fr.

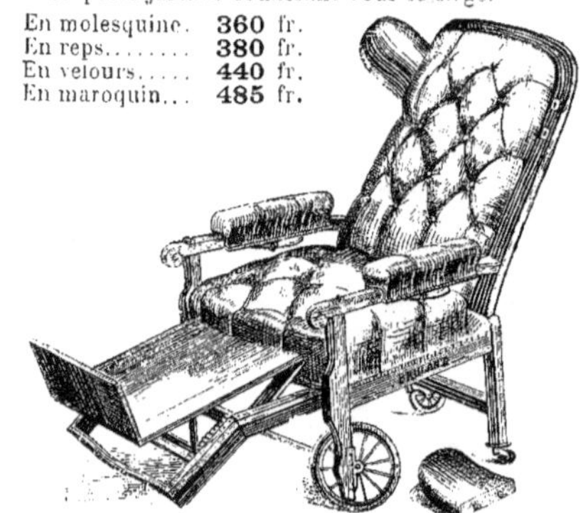

FIG. 16. — FAUTEUIL à dossier articulé oreilles mobiles avec porte-jambes coulissant sous le siège.
En molesquine. **310** fr. — En reps....... **330** fr.
En velours..... **390** fr. — En maroquin.. **435** fr.

FIG. 15, 16 et 18.

FAUTEUILS montés sur 3 roues métal caoutchoutées avec poignée au dossier pour se faire pousser dans les appartements.

Emballage en caisse des figures 14, 16 et 17. **12** fr.
Des figures 13, 15 et 18............ **10** fr.

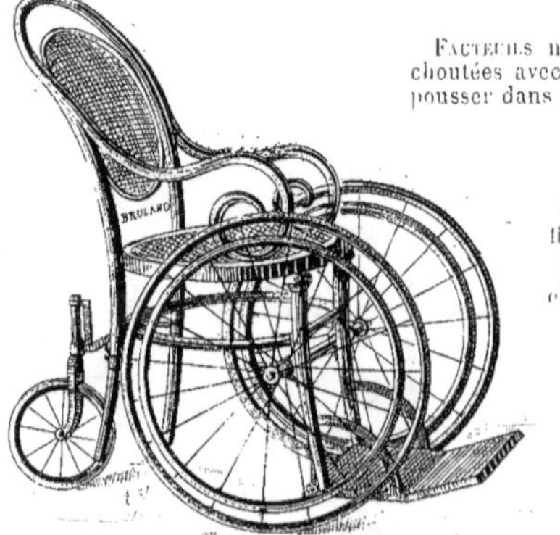

FIG. 17. — FAUTEUIL canné à roues à rampes.
Métal caoutchoutées avec porte-pieds. Prix.... **270** fr.
Les rampes servent à faire avancer le fauteuil par la personne qui y est assise.

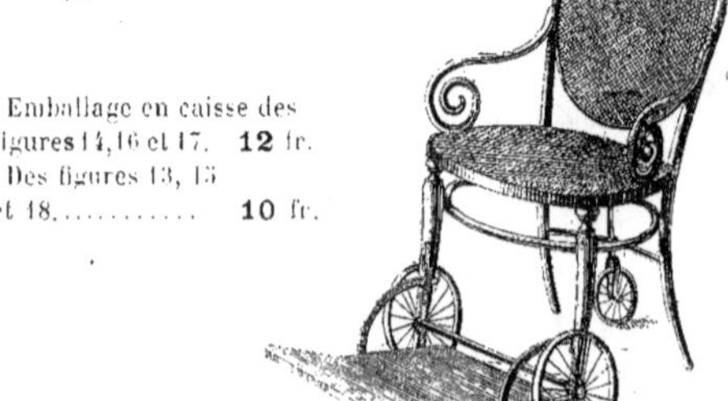

FIG. 18. — FAUTEUIL canné métal caoutchouté et poignée au dossier pour se faire pousser avec porte-pieds.
Prix................................. **210** fr.

FAUTEUILS GENRE ANGLAIS

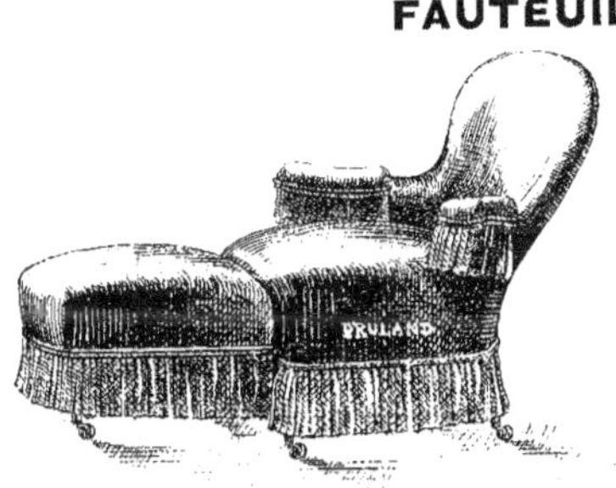

FIG. 19-20. — FAUTEUIL genre anglais formant chaise longue, dossier articulé se renversant graduellement, accoudoirs s'ouvrant sur le côté, porte-jambe rentrant sous le siège.

Prix en molesquine. **260** fr.
— en reps....... **290** fr.
— en velours.... **350** fr.
— en maroquin .. **400** fr.

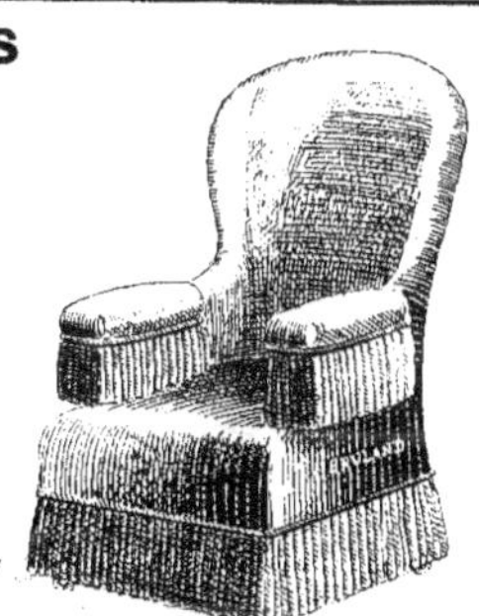

FIG. 19. — Développé.

FIG. 20. — Fermé.

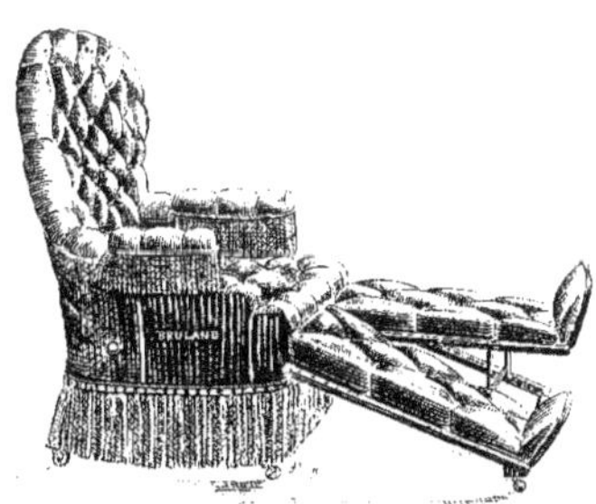

FIG. 21-22. — FAUTEUIL genre anglais, dossier articulé se renversant graduellement, accoudoirs s'ouvrant sur le côté, porte-jambes à 2 développements s'élevant graduellement et s'accrochant sur le devant du fauteuil.

PRIX :
En molesquine. **285** fr.
En reps....... **315** fr.
En velours..... **375** fr.
En maroquin... **425** fr.
Emballage en caisse de ces deux modèles. **12** fr.

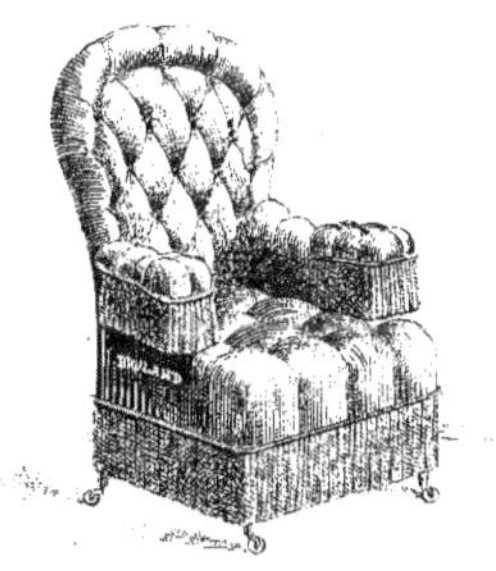

FIG. 21. — Développé.

FIG. 22. — Fermé.

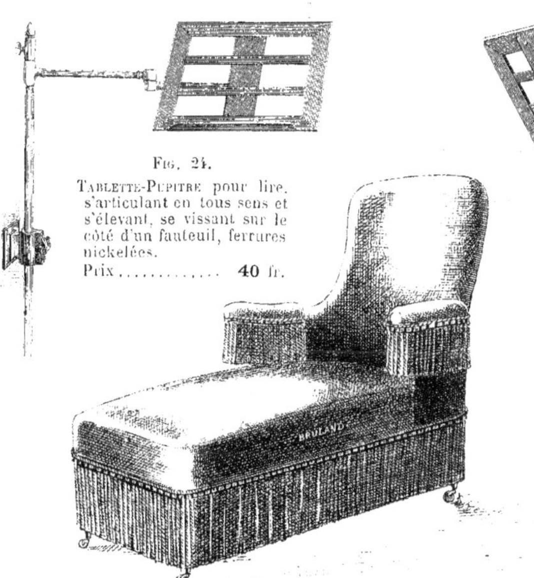

FIG. 24.

TABLETTE-PUPITRE pour lire, s'articulant en tous sens et s'élevant, se vissant sur le côté d'un fauteuil, ferrures nickelées.
Prix............ **40** fr.

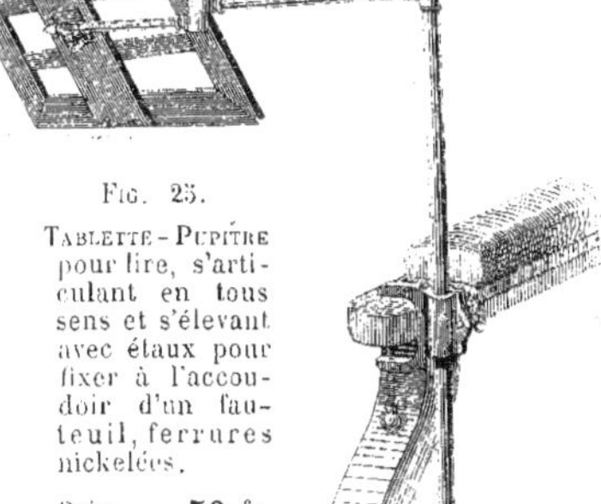

FIG. 25.

TABLETTE-PUPITRE pour lire, s'articulant en tous sens et s'élevant avec étaux pour fixer à l'accoudoir d'un fauteuil, ferrures nickelées.

Prix .... **50** fr.

FIG. 23. — Prix en molesquine.... **235** fr.
— en reps.......... **260** fr.
— en velours....... **340** fr.
— en maroquin...... **390** fr.

Emballage en caisse........... **17** fr.

FIG. 23. — Chaise longue à dossier articulé se renversant graduellement, accoudoirs s'ouvrant sur le côté.

CATALOGUE ILLUSTRÉ BRULAND, 14, RUE MONSIEUR-LE-PRINCE, PARIS

FAUTEUILS GENRE VOLTAIRE

FAUTEUILS GENRE VOLTAIRE, peu profonds de siège, convenant spécialement aux personnes atteintes d'oppressions ou d'affections cardiaques, dossier articulé, porte-jambes à 2 développements, oreilles mobiles.

Prix :

En molesquine.. **260** fr.
En reps .... **280** fr.
En velours..... **365** fr.
En maroquin... **410** fr.

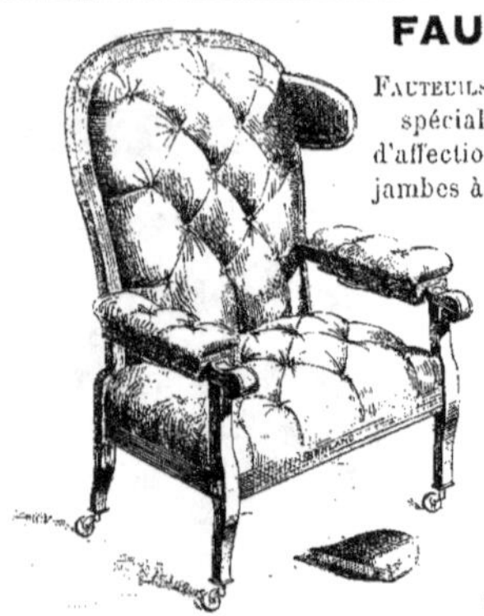

FIG. 26. — Fermé sans le porte-jambes.

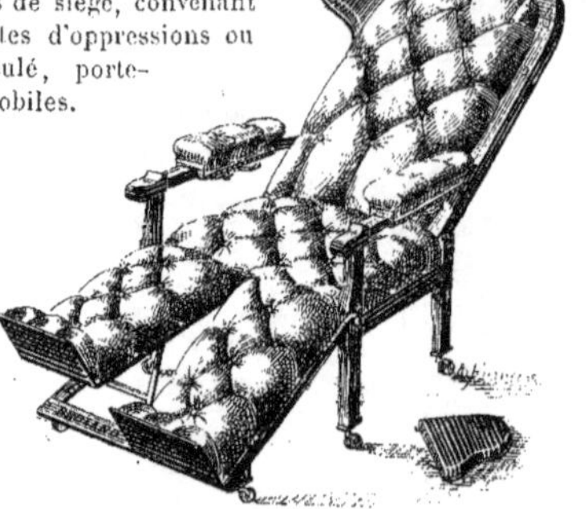

FIG. 27. — Développé porte-jambes fixé au siège.

FAUTEUIL GENRE VOLTAIRE avec porte-jambes rentrant, sous le siège, dossier articulé, oreilles mobiles.

Prix :
En molesquine .... **240** fr.
En reps .... **260** fr.
En velours .... **330** fr.
En maroquin .... **365** fr.

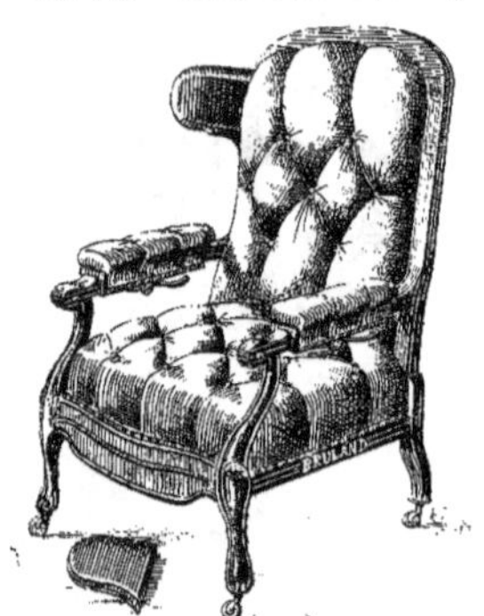

FIG. 28. — Fermé.

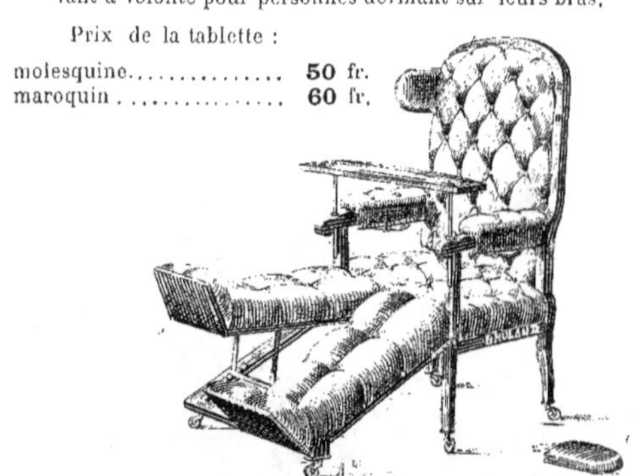

FIG. 29. — Développé.

FIG. 30. — PORTE-JAMBES à 2 élévations par crémaillère pour placer devant un fauteuil.

Même fauteuil que la figure 27, mais avec tablette-appui s'élevant à volonté pour personnes dormant sur leurs bras.

Prix de la tablette :

En molesquine.............. **50** fr.
En maroquin .... **60** fr.

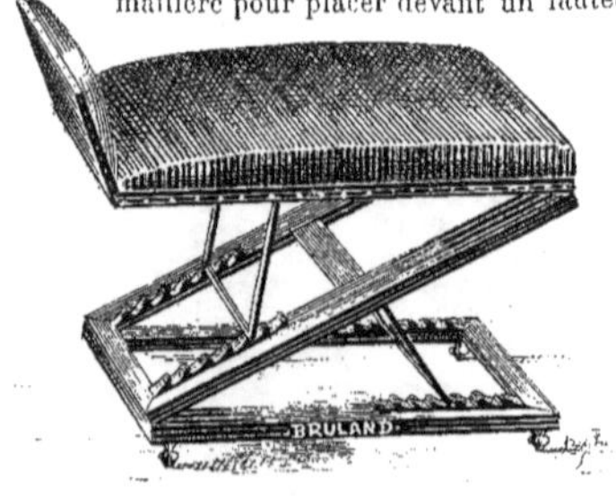

FIG. 30. — Développé.

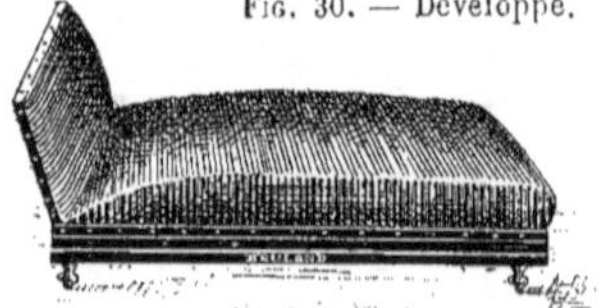

FIG. 34. — Fermé.

FIG. 30-34. — En molesquine.............. **65** fr.
— velours .... **80** fr.
— maroquin................ **90** fr.
Emballage................. **4** fr.
L'emballage des figures 26, 27, 28 et 29 est de **12** fr.

FAUTEUILS GARDE - ROBE

Fauteuils garde-robe, avec cuvette coulissant sous le siège en avant et en arrière; les sièges de ces fauteuils se recouvrent toujours en molesquine.

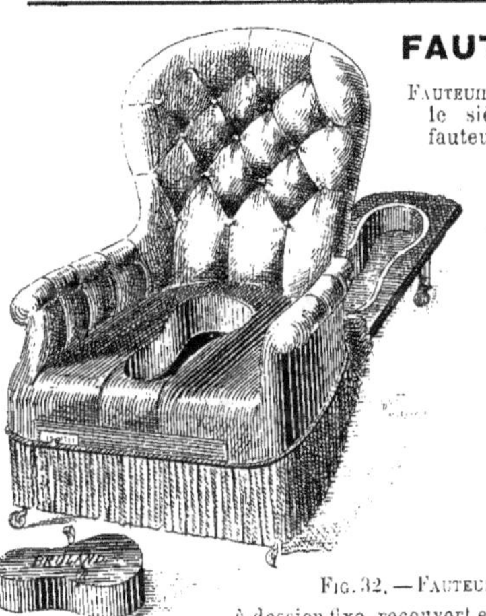

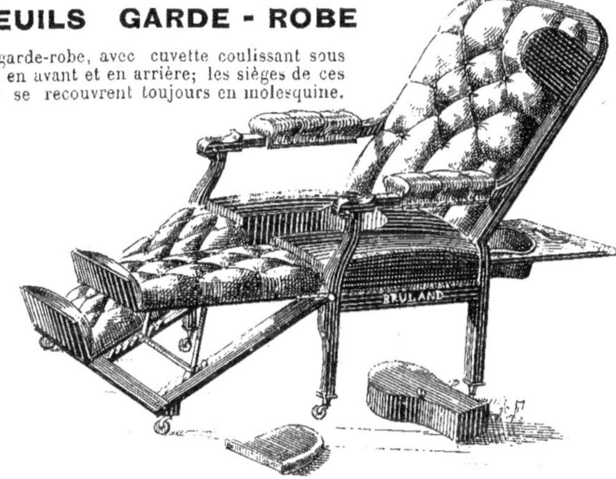

Fig. 32. — Fauteuil à dossier fixe, recouvert en molesquine. Prix. **180 fr.**

Fig. 33. — Genre Voltaire, oreilles mobiles, dossier articulé, porte-jambes à 2 développements, recouvert en molesquine.

Prix................ **315 fr.**
Sans porte-jambes..... **275 fr.**

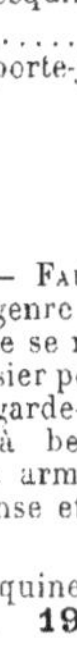

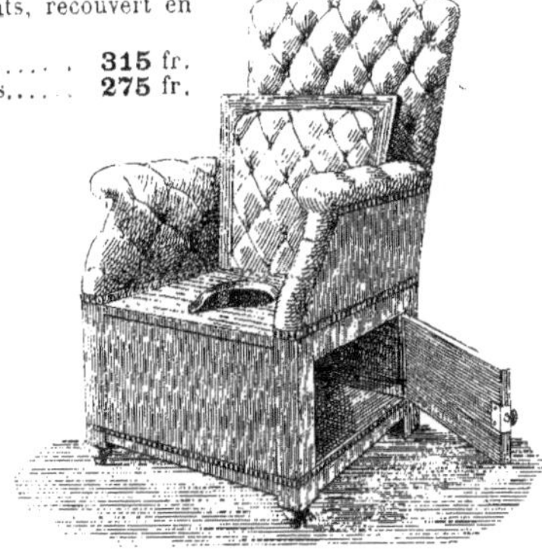

Fig. 34 et 35. — Fauteuil garde-robe, genre Seymour, le siège se relève contre le dossier pour se servir de la garde-robe, avec vase à bec en porcelaine et armature métallique anse et couvercle.

En molesquine
Prix......... **190 fr.**

Fig. 34. — Fermé.

Fig. 35. — Développé.

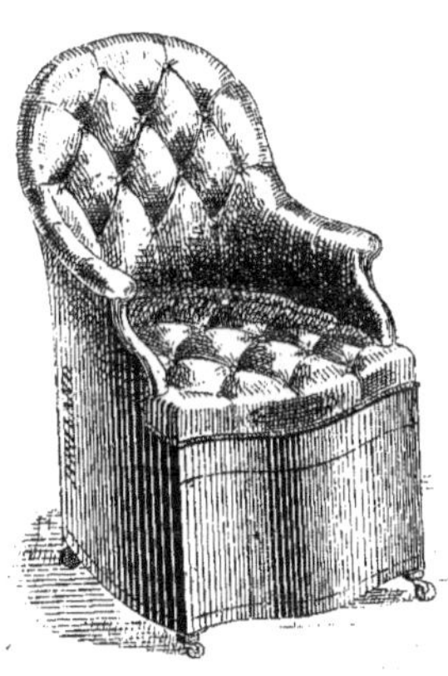

Fig. 36 et 37. — Fauteuil garde-robe avec appareil hydraulique sous le siège le rendant complètement inodore, réservoir dans le dossier, siège capitonné dissimulant la garde-robe.

En molesquine. Prix. **250 fr.**

L'emballage des fig. 32, 34 et 36 est de..... **10 fr.**
et la fig. 33........ **12 fr.**

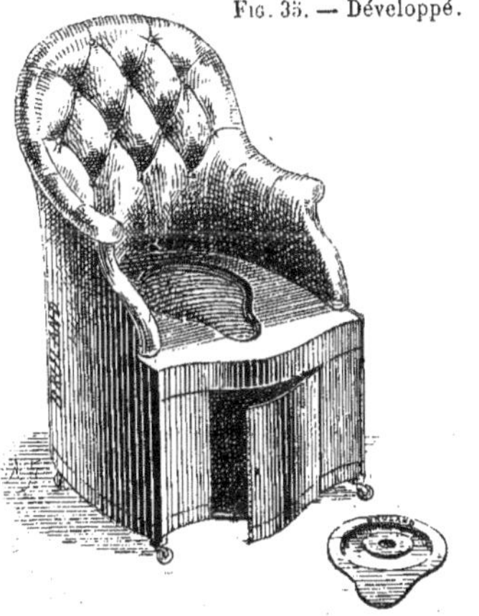

Fig. 36. — Fermé.

Fig. 37. — Développé.

CATALOGUE ILLUSTRÉ BRULAND, 14, RUE MONSIEUR-LE-PRINCE, PARIS

FAUTEUILS GARDE-ROBE EN BOIS

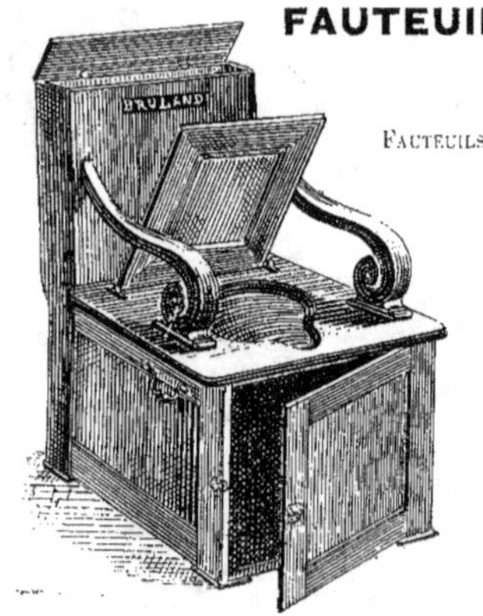

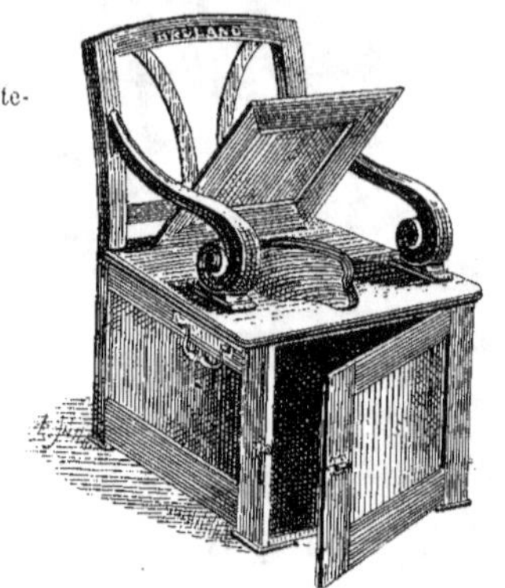

FAUTEUILS GARDE-ROBE EN BOIS, complètement inodores.

FIG. 38. — Avec réservoir dans le dossier, la poignée, actionnant la valve, ouvre en même temps l'effet d'eau.

FIG. 39. — Avec valve seulement.

FIG. 38. — Prix............... **195 fr.**

FIG. 39. — Prix............... **160 fr.**

SIÈGES GARDE-ROBE EN BOIS

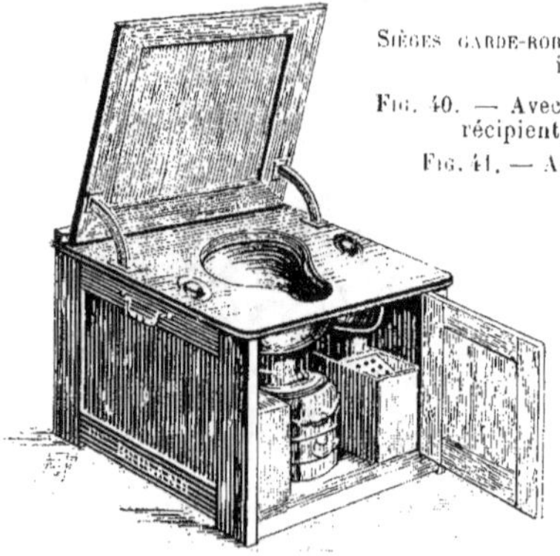

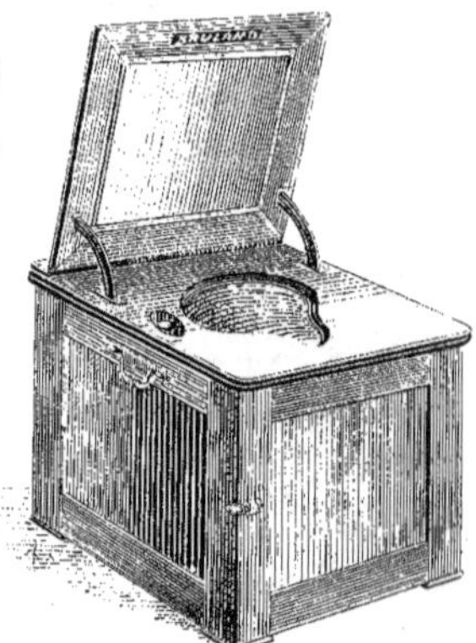

SIÈGES GARDE-ROBE EN BOIS, complètement inodores.

FIG. 40. — Avec réservoir entourant le récipient, valve et pompe.

FIG. 41. — Avec valve seulement.

FIG. 40. — Prix.................... **155 fr.**

FIG. 41. — Prix................. **125 fr.**

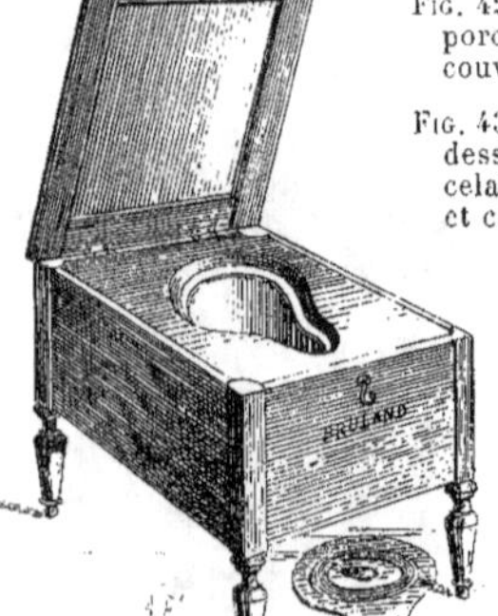

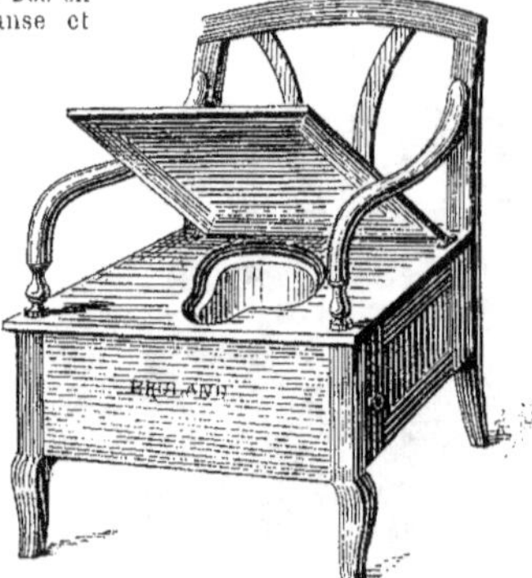

FIG. 42. — SIÈGE GARDE-ROBE avec vase à bec en porcelaine, armature métallique, anse et couvercle.

FIG. 43. — FAUTEUIL GARDE-ROBE avec dessus à abattant, vase à bec en porcelaine, armature métallique, anse et couvercle.

Toutes les garde-robes sont en acajou verni.

L'emballage pour les fig. 38, 39 et 43 est de **10 fr.**

Pour les fig. 40, 41 et 42, de........ **6 fr.**

FIG. 42. — Prix............. **55 fr.**

FIG. 43. — Prix.................. **90 fr.**

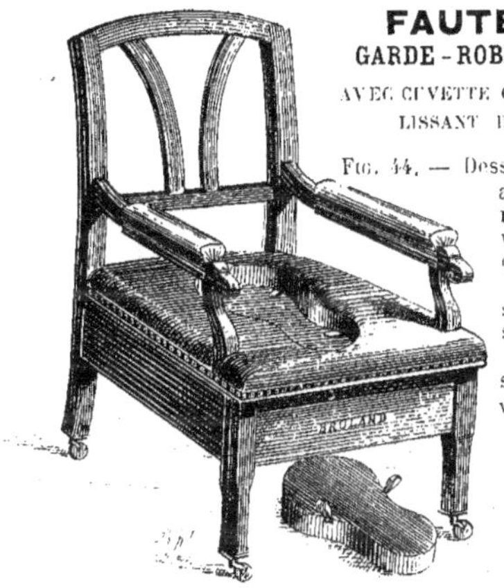

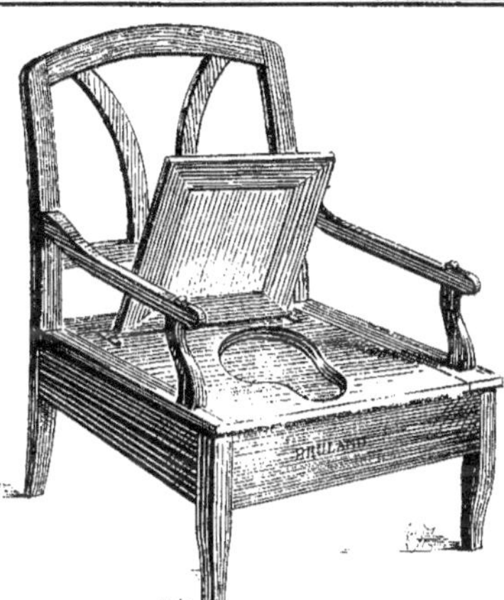

FAUTEUILS
GARDE-ROBE EN BOIS
AVEC CUVETTE OVALE SE COULISSANT DERRIÈRE

FIG. 44. — Dessus du siège et accoudoirs garnis et recouverts en molesquine.
FIG. 45. — Dessus à abattant sans garniture.
FIG. 46. — Dessus à coulisse, vase rond se retirant sur le côté.

L'emballage des figures 44, 45, 46 est de **10** fr.

FIG. 44. — Prix........ **100** fr.

FIG. 45. — Prix......... **90** fr.

TABLES
DE MALADES

permettant de manger et lire dans le lit ou dans un fauteuil.

FIG. 47. — A élévation par manivelle dessus s'obliquant, rebords mobiles et roulettes.

Prix: en pitchpin.... **80** fr.
en acajou..... **105** fr.

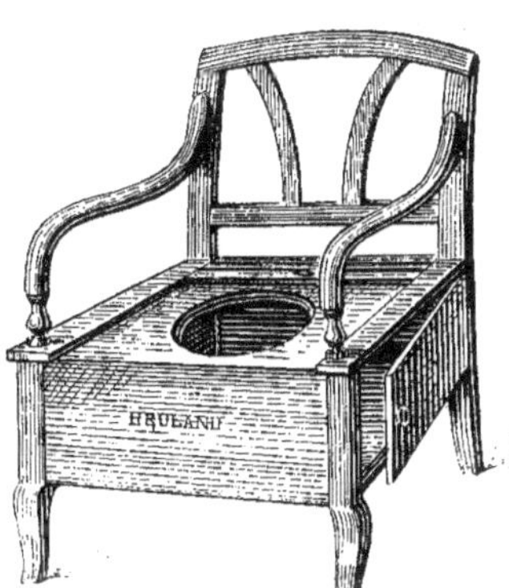

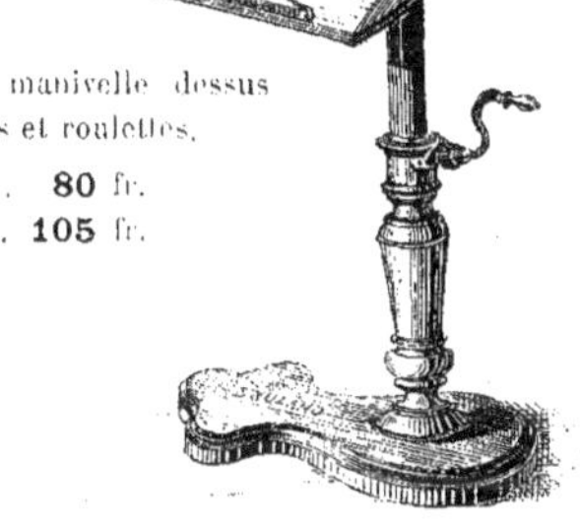

FIG. 47.

FIG. 46. — Prix............. **40** fr.

TABLES DE MALADES A REBORDS MOBILES, en noyer ciré, se transformant de plusieurs façons, servant pour le lit ou le fauteuil, pouvant servir de bureau à écrire debout, de chevalet pour peindre ou faire de la musique, ou bien de guéridon remplaçant toute espèce de tables courantes.

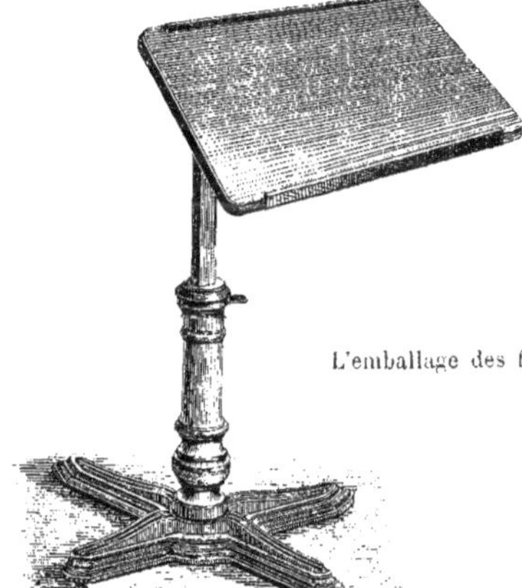

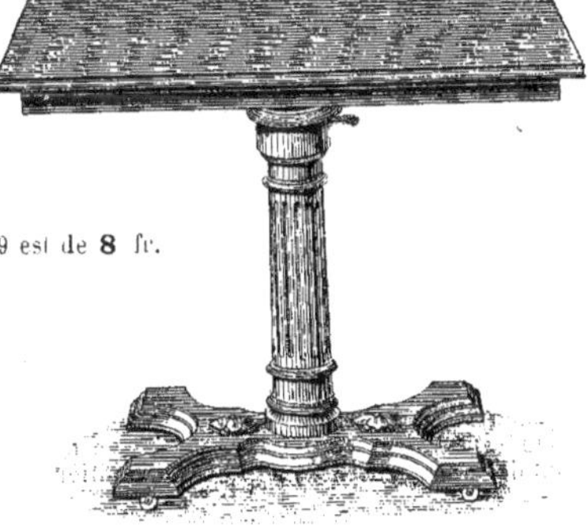

L'emballage des figures 47, 48 et 49 est de **8** fr.

FIG. 48. — Prix............ **120** fr.

FIG. 49. — Modèle riche........ **140** fr.

Fig. 50. — Tablette-Pupitre servant pour écrire, lire et manger dans le lit.

Prix :

En acajou...................... **30** fr.
En palissandre................. **40** fr.
Emballage .... **3** fr.

Fig. 51-52-53. — Lampe, Bougeoir, Encrier, montés à pivots, en métal nickelé, pour fixer aux tables de malades dont ils suivent toutes les inclinaisons tout en conservant leur aplomb.

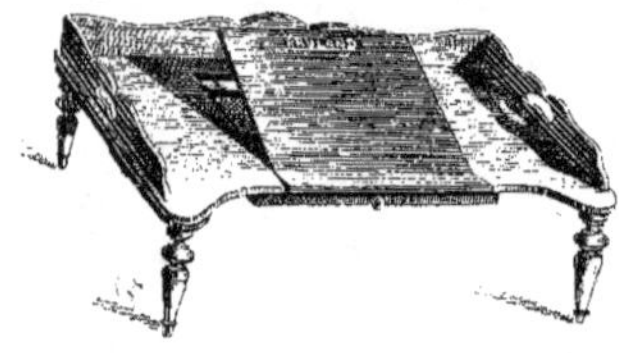

Fig. 50.

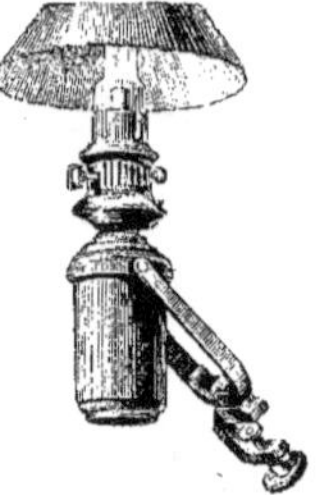

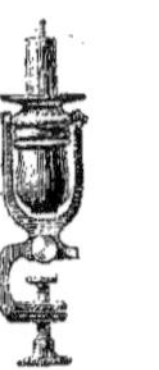

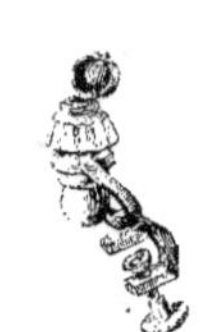

Fig. 51.—Prix : **35** fr.   Fig. 52. — Prix : **12** fr.   Fig. 53.—Prix : **12** fr.

BRANCARDS PLIANTS ET VOITURES-BRANCARDS

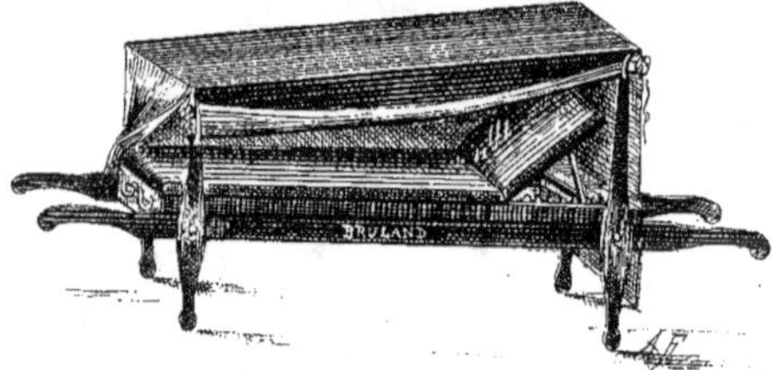

Fig. 54. — Développé.   Prix..... **230** fr.

Fig. 54. — Brancards pliants avec cadre matelassé mobile, muni de fortes poignées aux extrémités pour porter les malades jusqu'à leur chambre ou monter les escaliers et les endroits où le brancard ne pourrait pas passer, avec banne et rideaux.

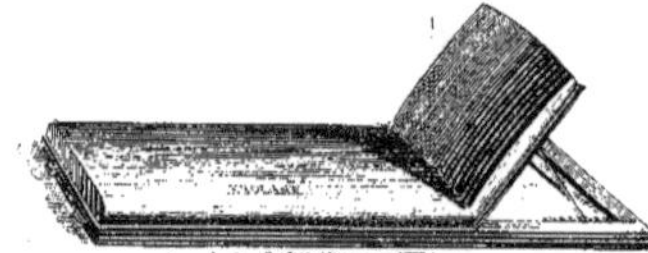

Fig. 55. — Cadre seul.   Prix..... **120** fr.

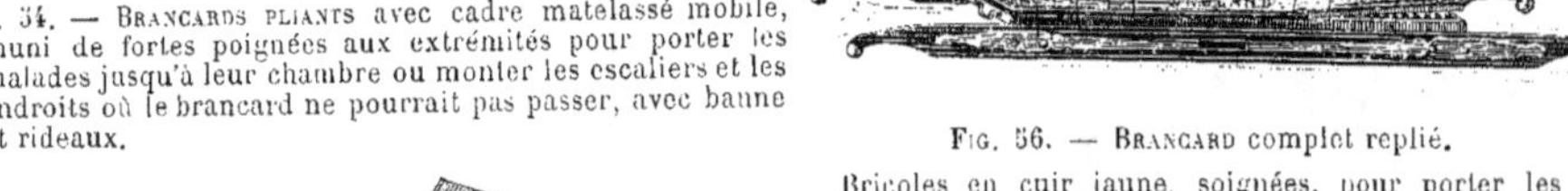

Fig. 56. — Brancard complet replié.

Bricoles en cuir jaune, soignées, pour porter les brancards et les portoirs.

Prix, la paire .... **25** fr.

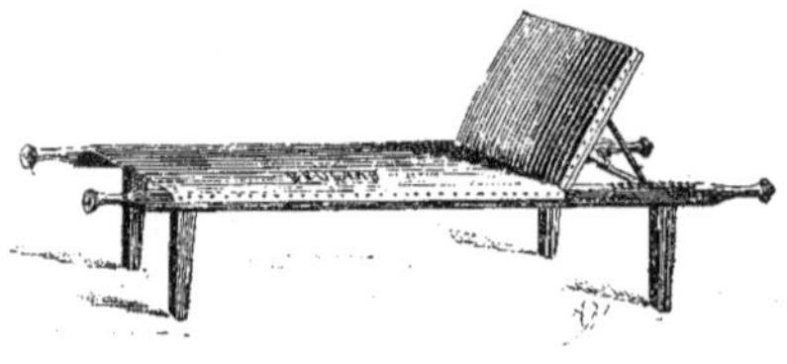

Fig. 57. — Développé.

Fig. 57 et 58. — Brancard pliant avec têtière, le dessus en fort treillis.   Prix .... **70** fr.

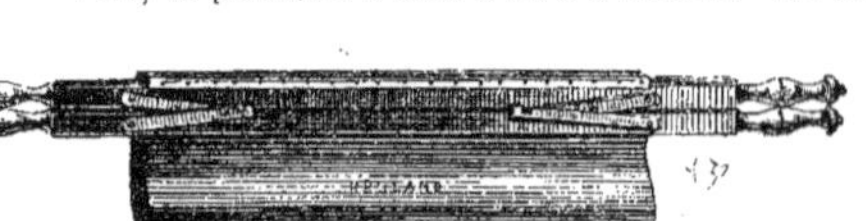

Fig. 58. — Replié.

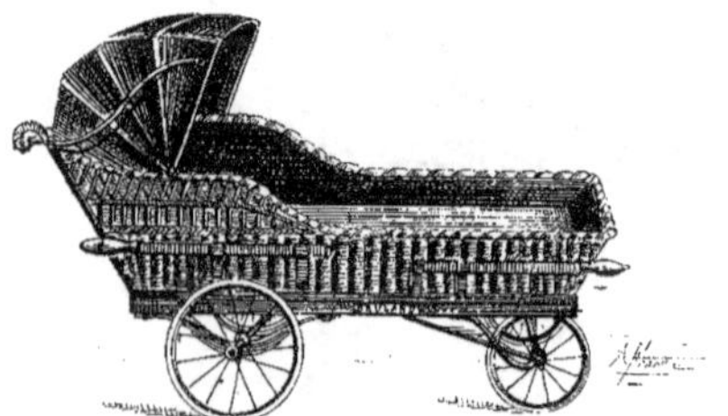

Fig. 59. — Voiture remontée.

Fig. 59. — Voiture-Brancard à train démontable instantanément, brancards à coulisse, roues métal caoutchoutées, moyeux bronze, avec tablier se fixant en haut de la capote et fermant la voiture entièrement.

Prix................................. **350** fr·

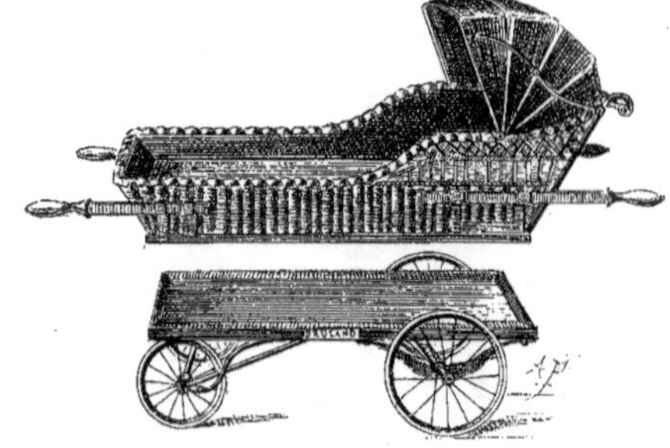

Fig. 60. — Train de roues séparé.

PORTOIRS-PLIANTS, EN SANGLES. — BÉQUILLES, CANNES

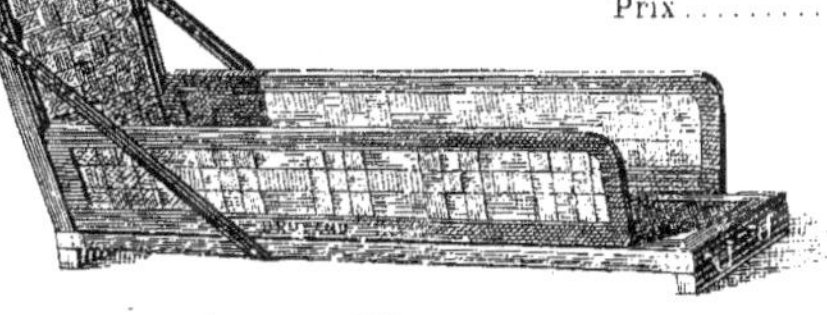

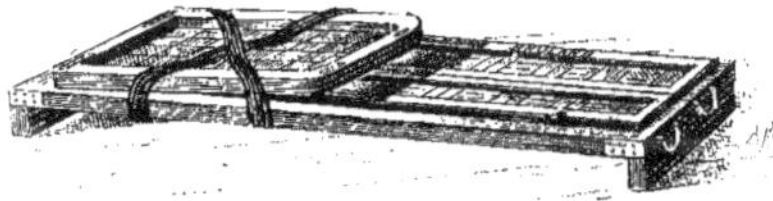

Fig. 61. — Portoir pliant pour le transport des malades en voiture ou en chemin de fer, évitant les changements de siège, pouvant se placer sur les deux banquettes d'un landau ou d'un compartiment de chemin de fer.

Prix.................................... **160 fr.**

Fig. 61. — Développé.

Fig. 62. — Plié.

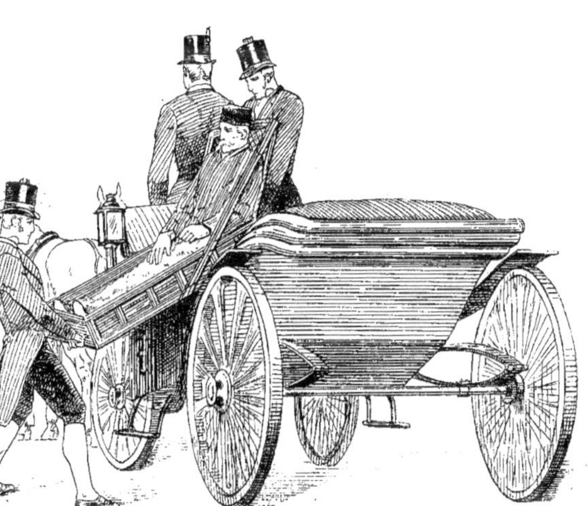

Fig. 63. — Représentant la figure ci-dessus et la façon de l'employer.

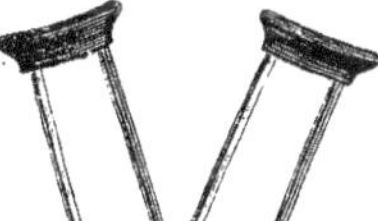

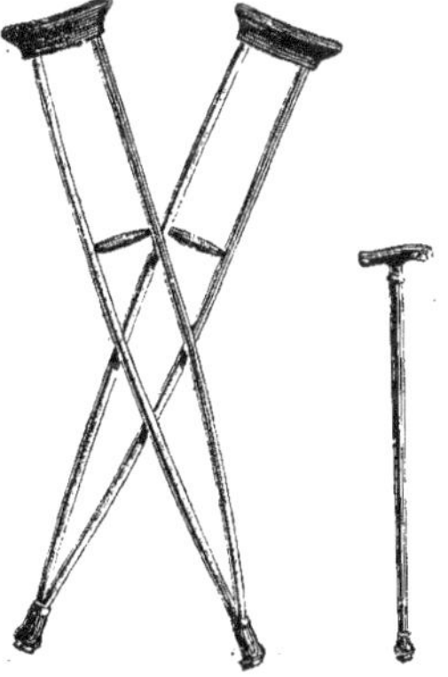

Fig. 67.
Prix : **25 fr.**

Fig. 68.
Prix : **10 fr.**

Fig. 67. — Béquilles à 2 montants, bois noir verni crosses garnies et recouvertes en peau, sabots caoutchoutés.

Fig. 68. — Canne de malade, poignée en buffle, sabot caoutchouté, bois noir verni.

Béquilles, la paire......................... **25 fr.**
—   une seule...................... **15 fr.**
Rondelles de caoutchouc de rechange, la paire. **2 fr.**

Pour la hauteur des béquilles, mesurer de l'aisselle au sol.

PORTOIRS EN SANGLES

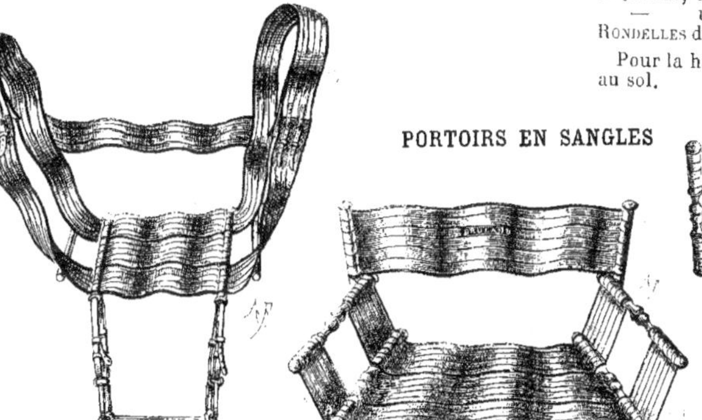

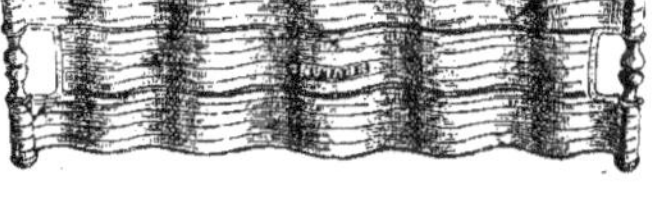

Fig. 66. — Portoir sangles simples

Prix................. **12 fr.**

Fig. 64. — Portoir avec dossier porte-pieds et banderoles. — Prix : **35 fr.**

Fig. 65. — Portoir avec dossier seulement. Prix : **20 fr.**

L'ENVOI DES BÉQUILLES, CANNES ET PORTOIRS SE FAIT PAR COLIS POSTAL

PORTOIRS-PLIANTS

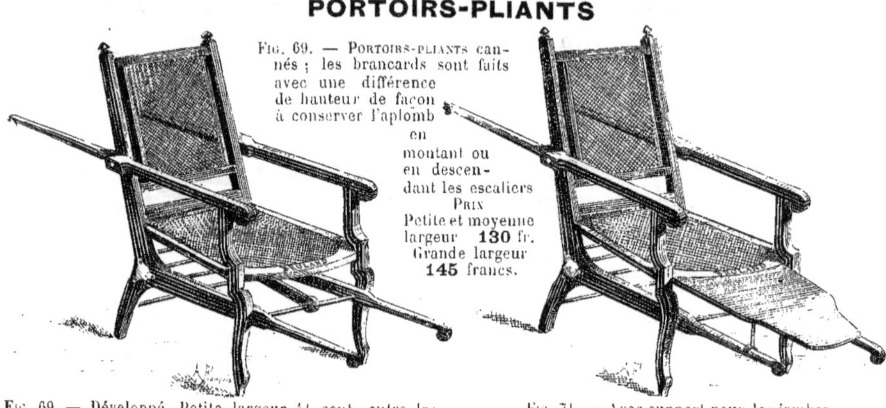

Fig. 69. — Portoirs-pliants cannés ; les brancards sont faits avec une différence de hauteur de façon à conserver l'aplomb en montant ou en descendant les escaliers. Prix Petite et moyenne largeur **130** fr. Grande largeur **145** francs.

Fig. 69. — Développé. Petite largeur 41 cent., entre les accoudoirs. Moyenne largeur 46 cent., Grande largeur 52.

Fig. 71. — Avec support pour les jambes.

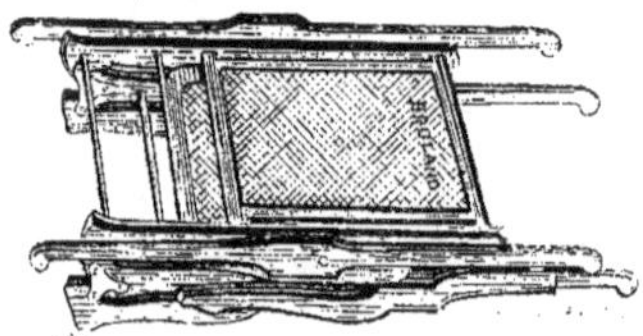

Fig. 70. — Plié.

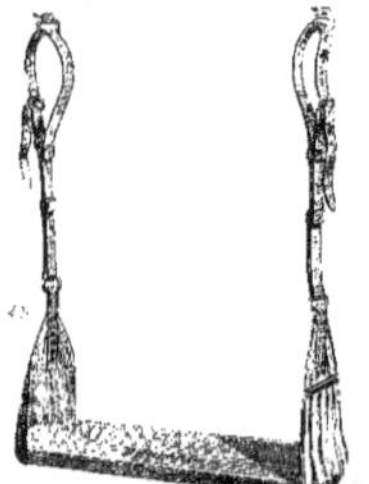

Fig. 72. — Prix **10** fr.

Fig. 72.

Porte-pieds flottants se graduant par des courroies se fixant aux portoirs.

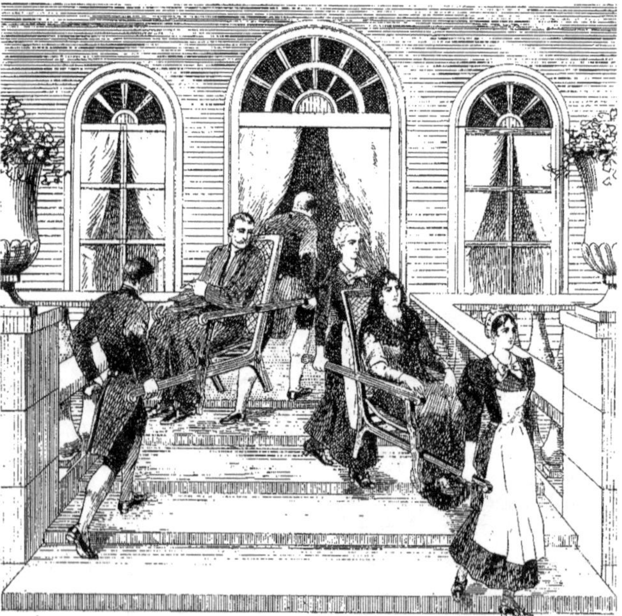

Fig. 73. — Représentant la manière d'employer les portoirs.

Prix des différents accessoires qui peuvent s'ajouter aux portoirs-pliants.

Rallonge-support pour les jambes.. **25** fr.

Brancards d'arrière pliants.......... **25** fr.

Brancards d'avant pliants.......... **25** fr.

Bricoles en cuir jaune, soignées... **25** fr.

Bagues et fortes roulettes aux 4 pieds. **15** fr.

Porte-pieds flottants se graduant par des courroies..... **10** fr.

Emballage .... **6** fr.

APPAREIL ÉLÉVATOIRE

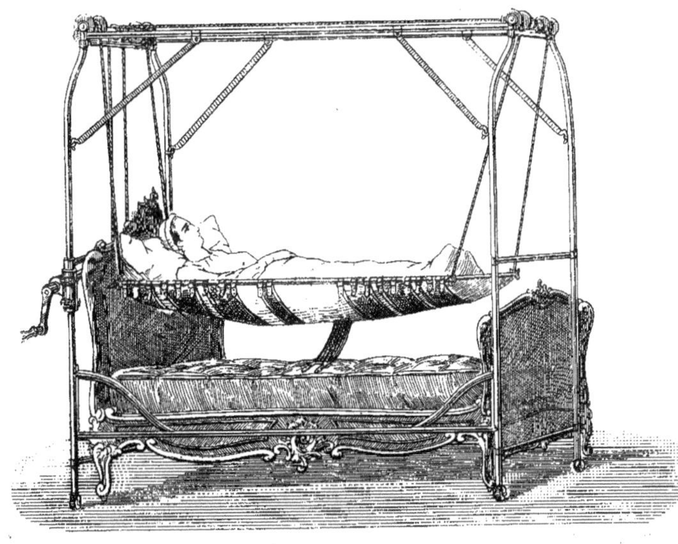

Fig. 74.

Cet appareil sert à élever les malades dans leur lit, sans bruit, sans souffrance, et sans fatiguer les personnes qui les soignent ; à leur donner les soins de toilette, la garde-robe, panser les eschares, faire leur lit, changer leur literie ; il fonctionne au moyen d'une seule manivelle et ne nécessite par conséquent qu'une seule personne ; la manivelle peut se placer soit à droite, soit à gauche, suivant la disposition du lit dans la chambre ; il ne prend pas plus de place que le lit qu'il encadre ; il permet de s'approcher du malade des deux côtés sans que l'on soit gêné par aucun obstacle. Pour s'en servir, il n'est besoin d'aucune force, et il peut être mû par un enfant ; étant construit tout en métal, il est complètement aseptique.

Cet appareil est indispensable à toutes les personnes qui sont tenues de rester alitées ; il est monté sur des roulettes, ce qui permet de le déplacer facilement ; il élève la personne dans la même position qu'elle occupe dans son lit.

Le malade est disposé sur huit sangles en coton, six de ces sangles ont 20 cent. de large, et les deux autres 10 cent. ; ces deux sangles plus étroites sont ouatées et recouvertes de molleton, elles se placent sous le siège ; 3 des sangles de 20 cent. se placent entre le siège et la tête, et les 3 autres entre le siège et les pieds ; elles se bouclent sur un cadre en tube entourant le malade ; les boucles se placent en dessous pour ne pas être touchées par le malade ; avant de les boucler, il faut fixer les cordes au cadre ; ces cordes doivent être prises par les pattes des sangles en même temps que le cadre, de façon qu'elles ne puissent glisser vers le milieu (voir pour cette disposition, la figure 75). Pour passer ces sangles sous le malade, il faut les glisser une à une à l'emplacement indiqué avec le bras en pliant le bout que l'on tient, les boucles en dessous, de façon à ne pas égratigner le malade. Les sangles de 20 cent. peuvent être recouvertes de deux draps pliés en alèzes sans que ces draps ne couvrent les sangles molletonnées ; ces deux sangles étroites ne doivent jamais être débouclées en même temps, pour ne pas faire un vide trop grand et ne pas permettre au siège de s'enfoncer dans ce vide ; une seule suffit pour la garde-robe ; on ne les débouclé jamais que d'un côté ; lorsque l'appareil est monté, il faut fixer les bouts des cordes qui sont du côté du mécanisme aux crochets des plus gros rouleaux en les passant de dedans en dehors, et les bouts de l'autre extrémité également aux crochets des plus gros rouleaux, mais de dehors en dedans, les deux treuils tournant dans le même sens.

MONTAGE DE L'APPAREIL

Pour monter l'appareil, il faut placer un des montants au pied, l'autre à la tête du lit, *en ayant soin de présenter les ouvertures qui servent à fixer la traverse du bas aux montants intérieurement ;* réunir les deux montants par les traverses du haut, les compas-équerres en bas, serrer les écrous à fond et placer les compas dans leurs pitons, puis mettre la traverse avec consoles dans les ouvertures ménagées à cet effet dans le bas des montants sur le devant du lit, placer la manivelle du côté où l'on approche le plus facilement.

CATALOGUE ILLUSTRÉ BRULAND, 14, RUE MONSIEUR-LE-PRINCE, PARIS

DISPOSITION DU CADRE, DES CORDES ET DES 8 SANGLES

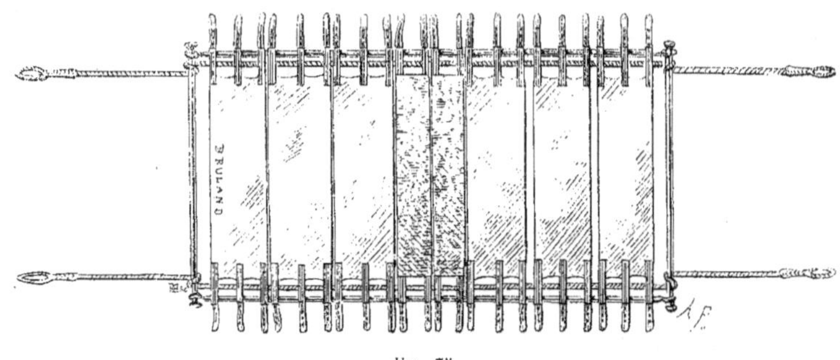

Fig. 73.

ENTRETIEN DE L'APPAREIL

Pour le bon fonctionnement de l'appareil, il faut de temps en temps mettre une goutte d'huile à machine aux extrémités des treuils et des coussinets de l'axe portant la manivelle ; des trous sont ménagés à cet effet ; défaire avec un tournevis les vis qui tiennent le garant en tôle, l'enlever et graisser la vis avec du saindoux ou bien de la vaseline ordinaire. Ne pas y mettre de l'huile qui coulerait et obligerait à graisser trop souvent.

DISPOSITION DE L'APPAREIL

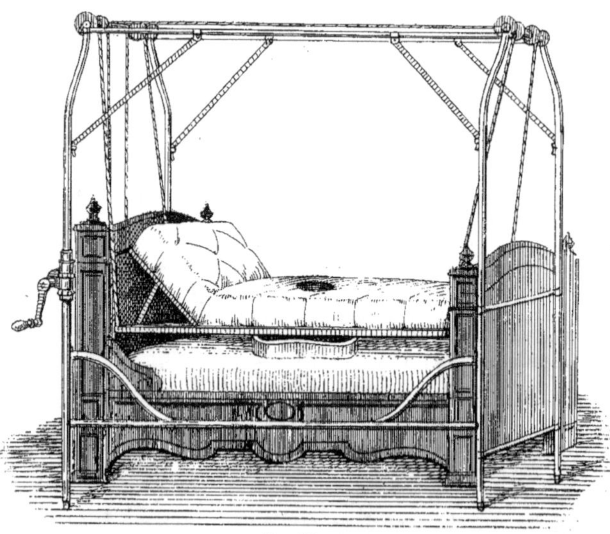

Fig. 76.

Avec un matelas percé pour incontinents. Le matelas est fixé sur un cadre de bois tendu d'une toile en fort treillis percée d'un trou au centre ; ce trou est répété dans le matelas ; il est garni d'une toile en caoutchouc recouvrant la partie du milieu du matelas en dessus et en dessous, pour éviter que le matelas ne se tache par les déjections. Quand on fait usage du matelas percé, il est indispensable de se servir en même temps du cadre et des sangles pour pouvoir nettoyer le malade et sa literie ; on laisse alors la sangle qui obstrue le siège entièrement défaite ; sous le cadre, on place une cuvette de bidet de préférence, le trou étant ovale. Le cadre de bois est muni de 2 cordes semblables aux cordes du cadre en métal ; lorsque l'on veut vider la cuvette ou nettoyer le dessous du matelas, on substitue ces quatre cordes à celles du cadre où sont fixées les sangles, le cadre de bois élève à ce moment le matelas, les sangles et le malade.

CATALOGUE ILLUSTRÉ BRULAND, 14, RUE MONSIEUR-LE-PRINCE, PARIS

DISPOSITION DE L'APPAREIL

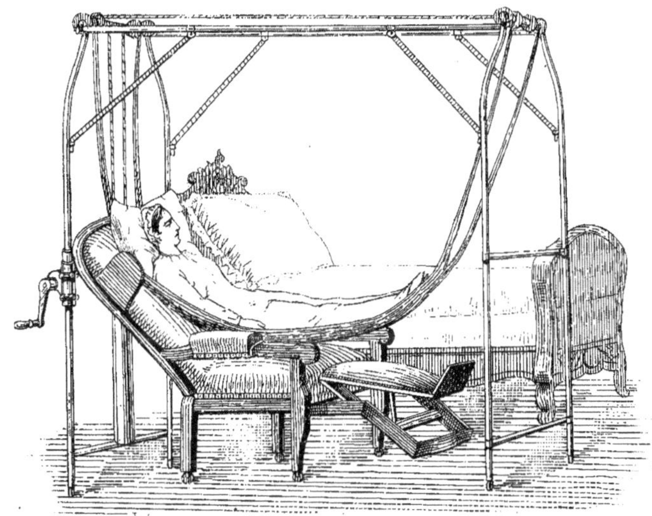

Avec une toile de treillis fin garnie de sangles aux extrémités servant à descendre le malade de son lit sur un fauteuil et à le replacer du fauteuil sur son lit. Pour placer le coutil sous le malade, il faut le rouler et procéder comme l'on ferait pour passer une alèze; ceci fait, il faut fixer la boutonnière qui est au bout des sangles aux crochets des gros rouleaux de dedans en dehors, du côté du mécanisme et de dehors en dedans aux rouleaux de l'autre bout.

Fig. 77.

PRIX DE VENTE ET DE LOCATION DE L'APPAREIL ET DES ACCESSOIRES

VENTE

Appareil.	310 fr.
Cadre en métal.	40 fr.
Cadre en bois.	60 fr.
Sangles de 20 cent., longueur ordinaire.	5 fr.
Sangles de 10 cent. molletonnées, longueur ordinaire.	5 fr.
Sangles de 20 cent., grande longueur.	6 fr.
Sangles de 10 cent. molletonnées, grande longueur.	6 fr.
Jeux de 4 cordes avec épissures pour le cadre en métal.	3 fr.
Jeux de 2 cordes avec épissures pour le cadre en bois.	2 fr.
Toile de treillis fin garnie de sangles.	18 fr.
Toile de treillis fort garnie d'œillets et septain pour le cadre en bois.	18 fr.
Matelas crin et laine 1re qualité.	100 fr.
Toile caoutchouc garnissant le trou.	15 fr.
Percement du matelas.	10 fr.

LOCATION

	1er mois		2e mois		3e mois et suivants	
Appareil		30 fr.		25 fr.		20 fr.
Cadre en métal		7 fr.		5 fr.		4 fr.
Cadre en bois		15 fr.		10 fr.		8 fr.

Tout ce qui est tissus et cordes ne se donne pas en location.

RÉSUMÉ

Fig. 74. Pour l'appareil avec cadre en métal et sangles, le prix est en vente de : Appareil, **310 fr.** Cadre en métal, **40 fr.** Six sangles de 20 cent. à **5 fr.** = **30 fr.** Deux sangles de 10 cent. molletonnées à **5 fr.** = **10 fr.** Un jeu de quatre cordes, 3 fr. Total, **393 fr.**

Fig. 74. Pour les mêmes objets en location, le prix est de : 1er mois, Appareil, **30 fr.** Cadre en métal, **7 fr.** Six sangles de 20 cent. à **5 fr.** = **30 fr.** Deux sangles de 10 cent. molletonnées à **5 fr.** = **10 fr.** Un jeu de quatre cordes, **3 fr.** Total, **80 fr.**

Pour le 2e mois, **30 fr.**, pour les 3e et suivants, **24 fr.**
Emballage sous toile de ces objets, **8 fr.**
Emballage sous toile du matelas et de son cadre, **5 fr.**

MATELAS EN CAOUTCHOUC VULCANISÉ A AIR OU A EAU

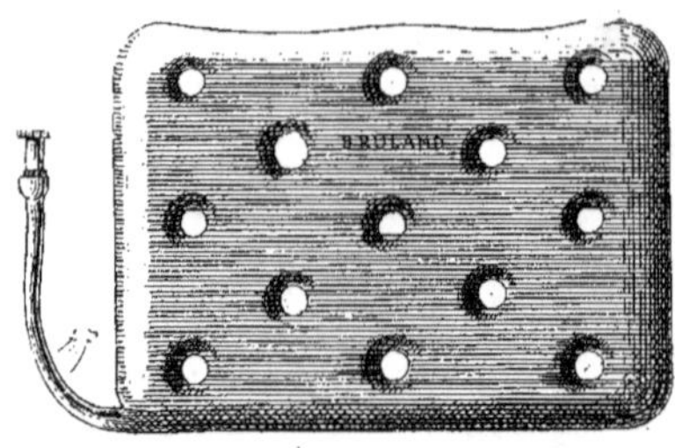

Fig. 78.

FIG. 78. — MATELAS EN CAOUTCHOUC VULCANISÉ A AIR OU A EAU						
DIMENSIONS EN CENTIMÈTRES	25 sur 35	35 sur 50	40 sur 60	50 sur 70	60 sur 80	70 sur 90
PRIX............	30 fr.	50 fr.	60 fr.	75 fr.	90 fr.	110 fr.

Avec ouverture au centre en plus.................. **15 fr.**

Emballage.. **3 fr.**

DRAP d'hôpital : Toile caoutchouté double face, le mètre... **10 fr.**

Toile caoutchouté une seule face, le mètre... **6 fr.**

COUSSINS EN CAOUTCHOUC VULCANISÉ

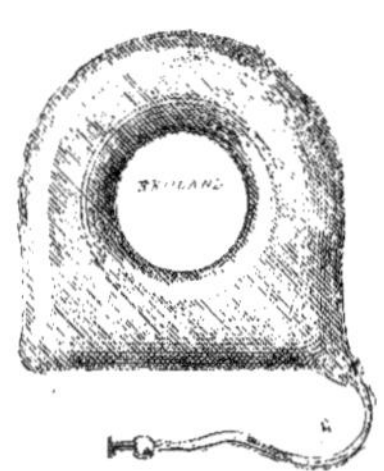

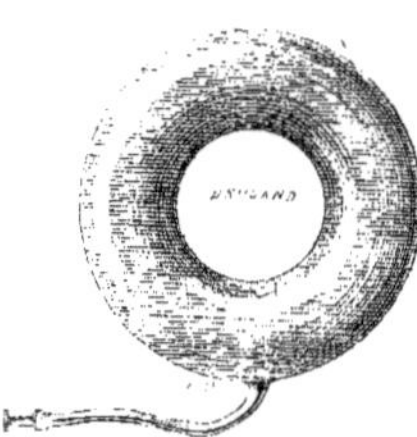
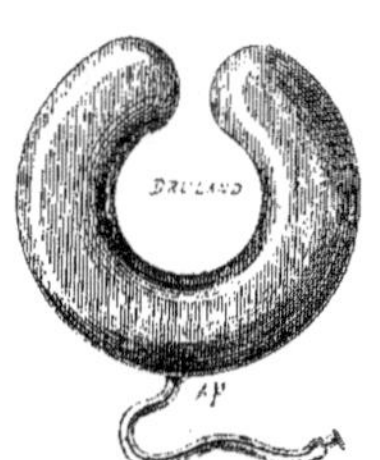
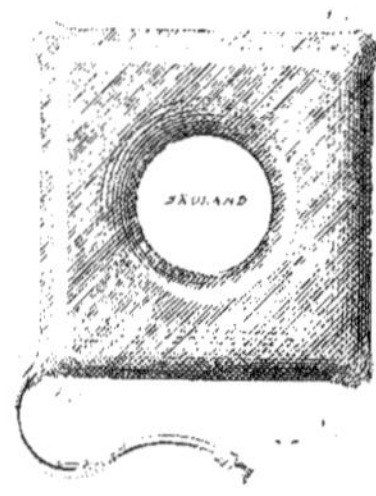

Fig. 79.   Fig. 80.   Fig. 81.   Fig. 82.

Diamètre en centimètres............	0 25	0 30	0 35	0 40	0 45	0 50
PRIX : Demi-rond... Fig. 79...	13 fr.	15 fr.	18 fr.	22 fr.	27 fr.	33 fr.
Rond........ Fig. 80...	12 fr.	14 fr.	16 fr.	20 fr.	25 fr.	30 fr.
Fer à cheval. Fig. 81...	12 fr.	14 fr.	16 fr.	20 fr.	25 fr.	30 fr.
Carré...... Fig. 82...	14 fr.	16 fr.	20 fr.	25 fr.	30 fr.	36 fr.

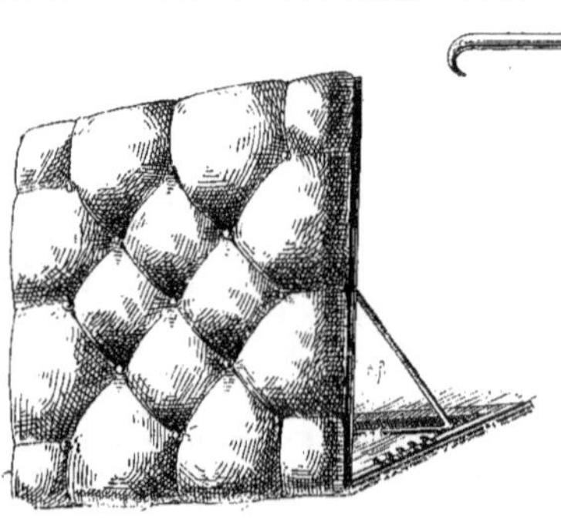

Fig. 83. — Dossier à élévation graduelle capitonné, recouvert en coutil pour remplacer
les oreillers.

PRIX : **60 fr.**

Emballage sous toile.... .... **2 fr.**

Fig. 84.
TRAVERSE se pla-
çant sur les
barres de l'ap-
pareil avec cor-
de et poignée
permettant au
malade de se
redresser lui-
même dans son
lit.
Prix vente : **25 fr.**
Location **5 fr.**
par mois.

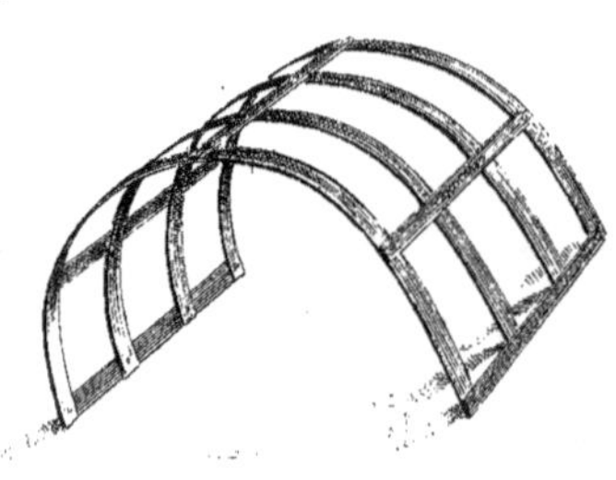

Fig. 85. — CERCEAUX en bois pour supporter
les couvertures.

PRIX :

Pour une seule jambe............... **3 fr.**

Pour deux jambes................... **5 fr.**

Pour deux cuisses................. **7 fr.**

Pour l'abdomen.................... **10 fr.**

CATALOGUE ILLUSTRÉ BRULAND, 14, RUE MONSIEUR-LE-PRINCE, PARIS

FAUTEUILS POUR CABINETS DE MÉDECINS

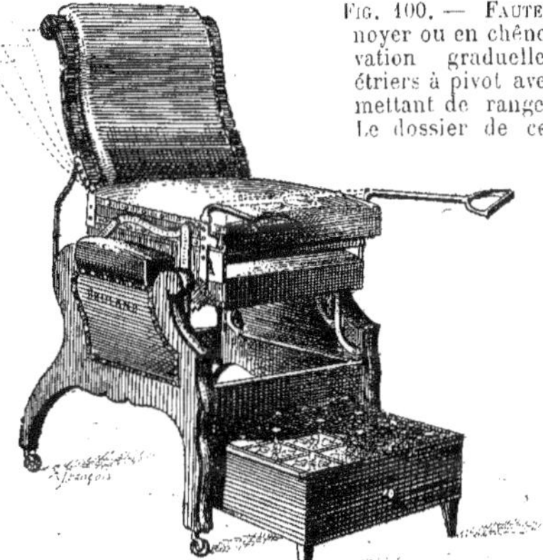

FIG. 100. — FAUTEUIL à spéculum en noyer ou en chêne teinté et ciré à élévation graduelle pour les reins, étriers à pivot avec tiroir, marche permettant de ranger des instruments. Le dossier de ce fauteuil se renverse également lorsque le fauteuil est fermé, il peut alors servir pour ophtalmologie ou pour dentiste ou comme fauteuil de repos. On peut ajouter une rallonge permettant d'étendre un malade pour l'ausculter.

Recouvert en molesquine, toutes ferrures nickelées
Prix: 350 fr.

Avec rallonge en plus..... **35** fr.

FIG. 100. — Développé.

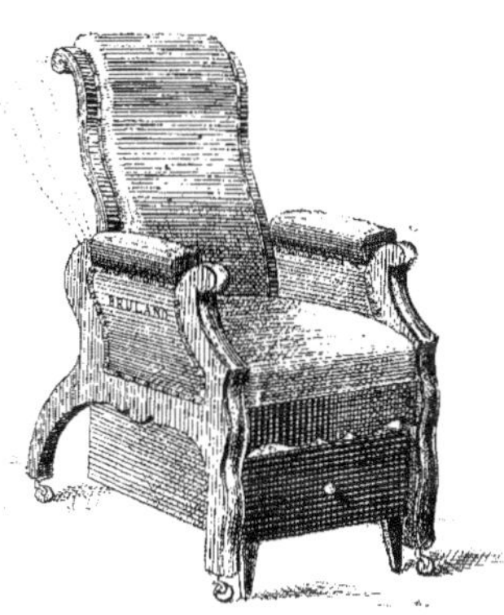

FIG. 101. — Fermé.

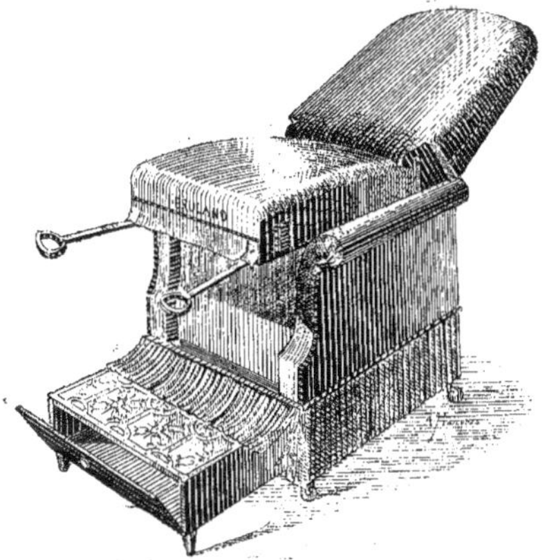

FIG. 102. — FAUTEUIL à spéculum genre anglais, entièrement recouvert, avec tiroir marche, étriers à coulisses, recouvert en molesquine, ferrures nickelées
Prix... 280 fr.

Avec rallonge en plus.... **35** fr.

FIG. 102. — Développé.

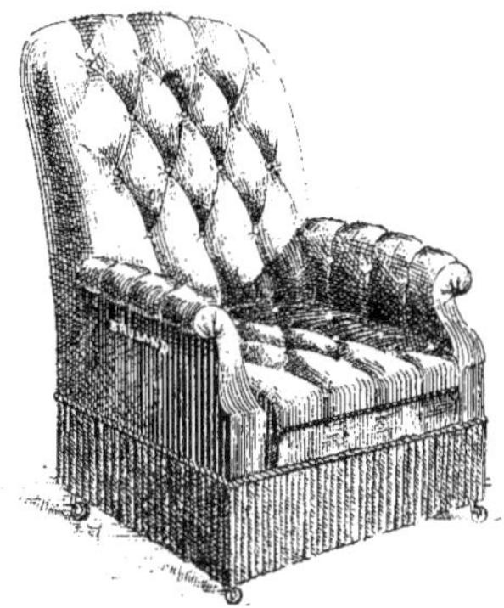

FIG. 103. — Fermé.

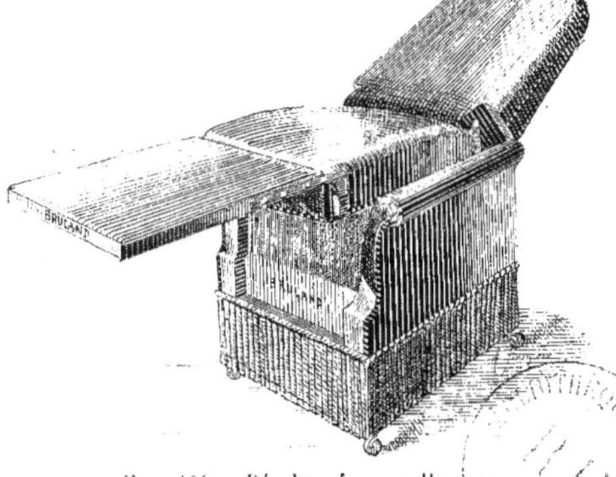

FIG. 104. — Développé avec rallonge.

Ces mêmes fauteuils valent sans rallonge et couverture suivantes :

En plus pour couverture en reps.........	**20** fr.
— — en velours......	**70** fr.
— — en maroquin....	**125** fr.
En plus pour la rallonge, en reps........	**5** fr.
— — en velours,......	**15** fr.
— — en maroquin	**30** fr.
Emballage en caisse....................	**12** fr.

CATALOGUE ILLUSTRÉ BRULAND, 14, RUE MONSIEUR-LE-PRINCE, PARIS

TABLE A SPÉCULUM ET A OPÉRATIONS

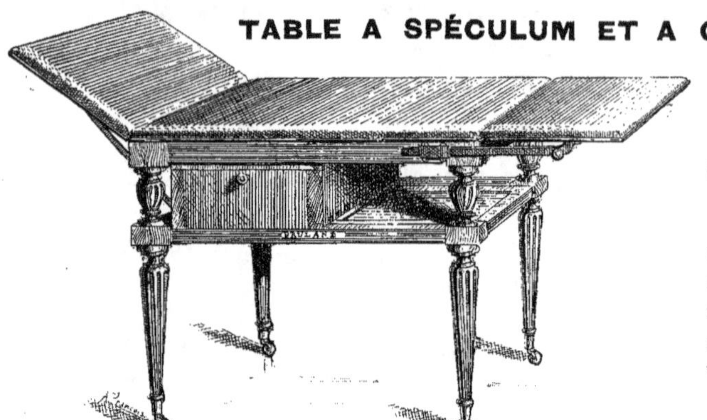

FIG. 105. — Développée pour opérations.

SYSTÈME DU Dr HADGÈS

FIG. 105. — Cette table est très complète pour opérations ; elle comporte un coffre intérieur ouvrant des deux côtés ; garniture sur le dessus et couverture en molesquine.

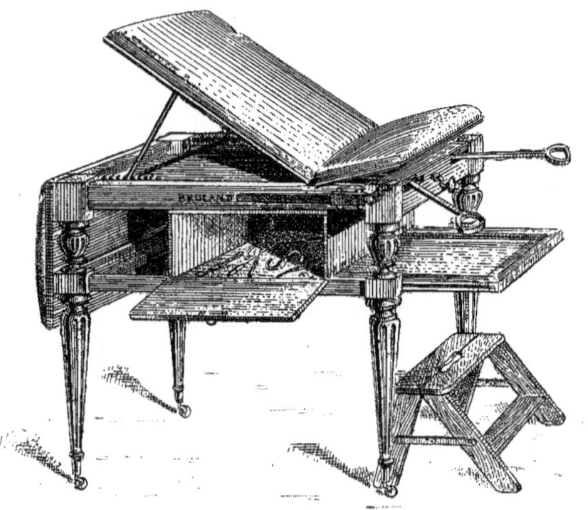

FIG. 106. — Développée pour le spéculum.

FIG. 106. — Pour le spéculum, les devantures du coffre servent de tablettes de chaque côté en les abaissant ; la tablette est à coulisse et permet d'y placer un récipient pour faire des lavages ; l'élévation du bassin se fait au moyen d'une manivelle, la rallonge du côté des étriers est mobile, l'escabeau pliant peut se placer sur la tablette.

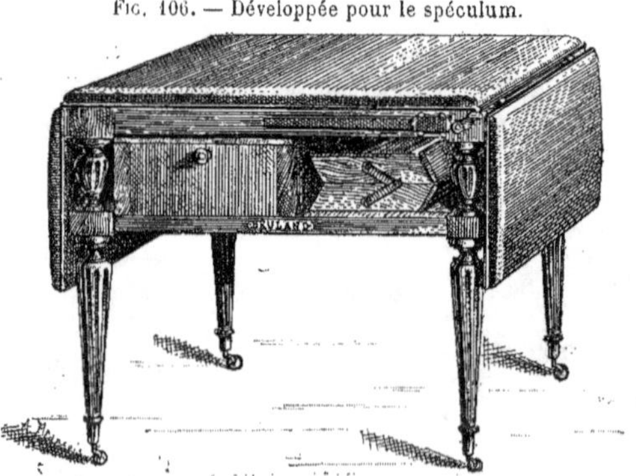

FIG. 107. — Pliée escabeau placé sur la tablette.

FIG. 107. — Cette table pliée tient peu de place ; dans un cabinet, elle peut se dissimuler facilement en la couvrant d'un tapis de table ordinaire ; toutes les ferrures sont nickelées.

En chêne ou en noyer teinté,
Prix.......... **350 fr.**
Emballage....... **12 fr.**

CATALOGUE ILLUSTRÉ BRULAND, 14, RUE MONSIEUR-LE-PRINCE, PARIS

TABLE A OPÉRATIONS PLIANTE

ENTIÈREMENT EN MÉTAL NICKELÉ

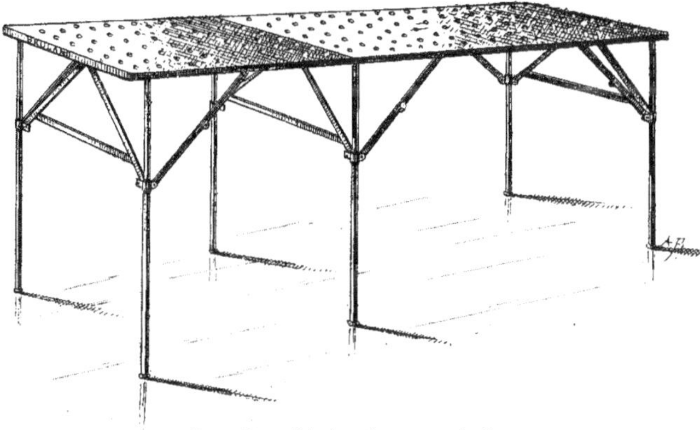

Cette table pliante se démonte en 2 parties, les pieds se plient sous le dessus, elle forme alors un volume tout à fait réduit, en séparant la partie qui ne comporte que 2 pieds, on peut s'en servir avec des croissants à étaux pour le spéculum.

Pour le transport on la place dans une gaîne en fort treillis de couleur comme l'indique la figure 110.

Prix.............. **425** fr.
Gaine en plus...... **25** fr.
Total............ **450** fr.

Fig. 108. — Développée pour opérations.

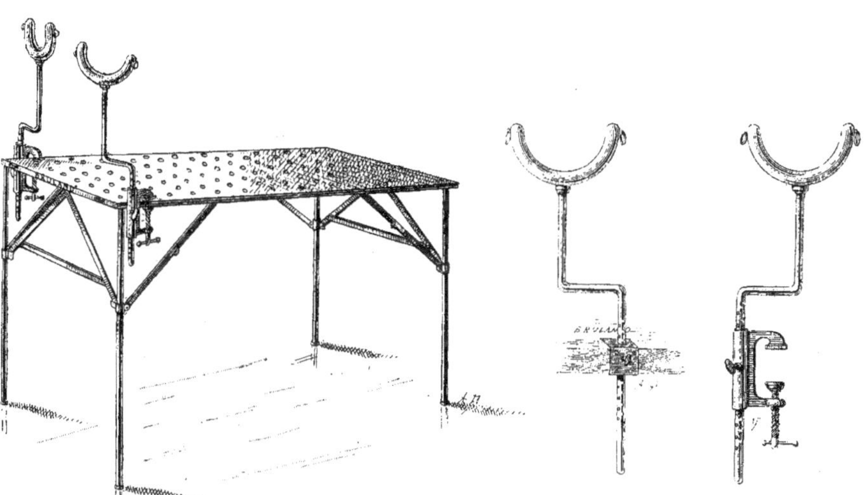

Fig. 109. — Développée pour le spéculum.

Fig. 111.   Fig. 112.

Fig. 111. — Croissants en métal nickelé avec douilles pouvant s'entailler dans le bord d'une table, et s'y fixer avec des vis.
Prix.................... **60** fr.

Fig. 112. — Croissants en métal nickelé, avec étaux, pouvant se fixer à n'importe quelle table.
Prix .... **70** fr.

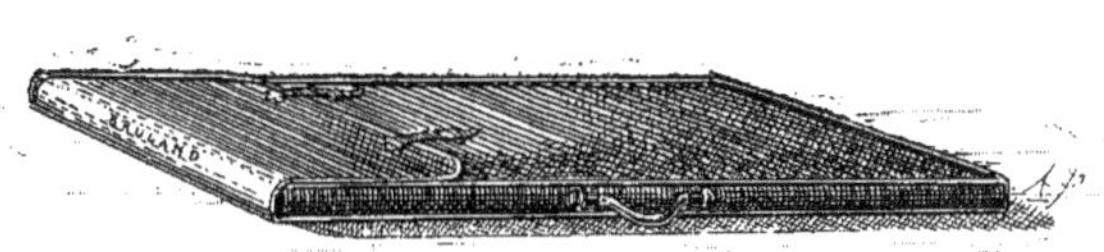

Fig. 110. — Placée dans sa gaine.

CATALOGUE ILLUSTRÉ BRULAND, 14, RUE MONSIEUR-LE-PRINCE, PARIS

TABLE A OPÉRATIONS A PLAN INCLINÉ

PLAN INCLINÉ PLIANT

Système du Dr RENÉ BELIN

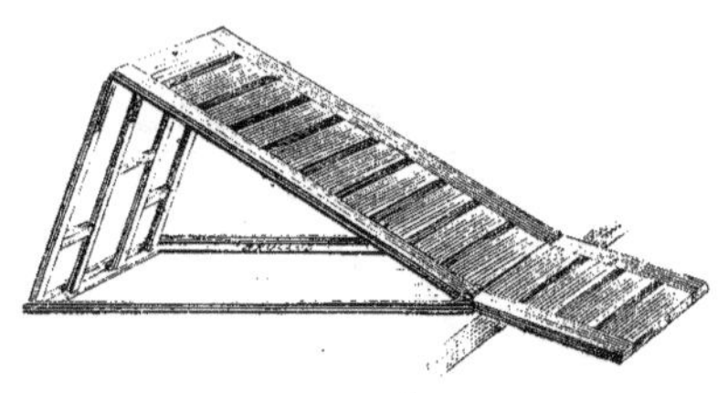

Fig. 113. — En bois peint ou vernis gras pouvant se laver, avec arc de cercle pour fixer l'inclinaison ou la maintenir à l'horizontalité. Prix...................... **150** fr.
Emballage...................... **12** fr.

Fig. 115. — Ce plan incliné se plie dans un châssis en métal et forme un très petit volume, se loge dans une gaine, est très portatif, pour l'opération il se place sur une table quelconque, vernis gras il peut se laver.

Prix.................. **120** fr.
Gaine en plus........ **25** fr.

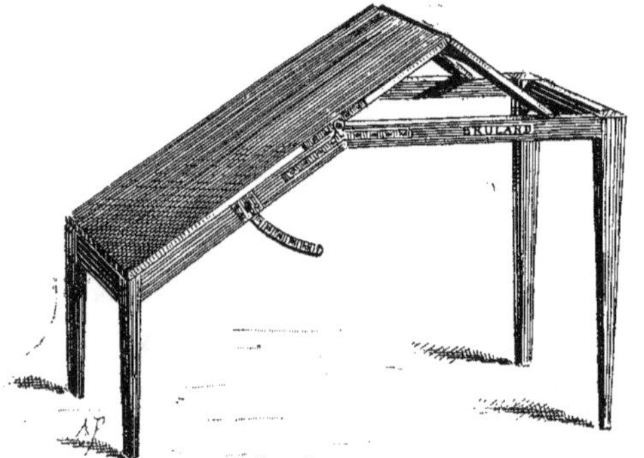

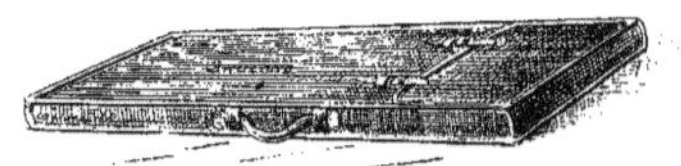

Fig. 116. — Gaine en fort treillis de couleur avec boucles et poignées.

Fig. 114. — Dessus incliné.

FAUTEUIL POUR OPHTALMOLOGIE

Fig. 118. — Fauteuil avec dossier se renversant et s'élevant graduellement, rallonge pour étendre entièrement le malade, serre-tête à levier s'inclinant, recouvert en molesquine, toutes ferrures nickelées.

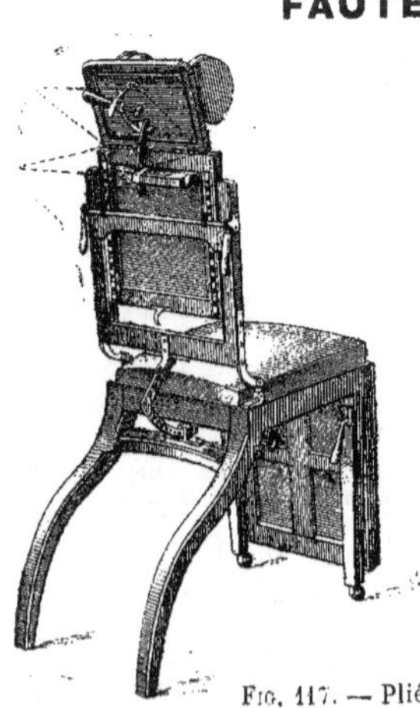

Prix.............. **275** fr.
En maroquin...... **310** fr.
Emballage........ **12** fr.

Fig. 117. — Plié.

Fig. 118. — Développé.

TABLE DES MATIÈRES

OBJETS DESTINÉS AUX DOCTEURS

PARIS

IMPRIMERIE F. LEVÉ

17, RUE CASSETTE, 17